名师名校名校长

凝聚名师共识
回应名师关怀
打造名师品牌
培育名师群体

骆明逢书

本书系广东省学前教育"新课程"科学保教示范项目
（项目名称：岭南特色幼儿园健康教育课程构建与实施，
项目编号：2020XQXKCB74）的研究成果

和乐·苗坊

广州市荔湾区协和幼儿园
家园共育课程探究

HELE MIAOFANG
GUANGZHOUSHI LIWANQU XIEHE YOUERYUAN
JIAYUAN GONGYU KECHENG TANJIU

姚万琼　刘琨 ◎ 著

东北师范大学出版社

长春

图书在版编目（CIP）数据

和乐·苗坊：广州市荔湾区协和幼儿园家园共育课程探究 / 姚万琼，刘琨著. — 长春：东北师范大学出版社，2022.8

ISBN 978-7-5681-9259-0

Ⅰ.①和… Ⅱ.①姚… ②刘… Ⅲ.①学前教育－教学研究 Ⅳ.①G612

中国版本图书馆CIP数据核字（2022）第139804号

□责任编辑：石　斌　　　　　□封面设计：言之凿
□责任校对：刘彦妮　张小娅　□责任印制：许　冰

东北师范大学出版社出版发行

长春净月经济开发区金宝街 118 号（邮政编码：130117）

电话：0431-84568023

网址：http：// www.nenup.com

北京言之凿文化发展有限公司设计部制版

北京政采印刷服务有限公司印装

北京市中关村科技园区通州园金桥科技产业基地环科中路 17 号（邮编：101102）

2022年8月第1版　2022年10月第1次印刷

幅面尺寸：170mm×240mm　印张：16　字数：243千

定价：58.00元

序言

以家庭教育为抓手推动教育高质量协同发展

（代序一）

近日，刘琨老师邀我为广州市荔湾区协和幼儿园（以下简称协和幼儿园）家庭教育课程用书《和乐·苗坊——广州市荔湾区协和幼儿园家园共育课程探究》作序，我欣然允之。原因有二：一是从2013年中国教育科学研究院与广州荔湾区开展教育改革实验合作至今，这本书作为院区合作成果之一，总结提炼了突发大型公共卫生事件背景下家园共育一线实践经验，非常有意义与有价值；二是我与荔湾教育结缘，对荔湾感情较深。我同刘琨老师的相识始于院区合作。9年来，我们携手共同开展了一系列家庭教育方面的指导工作，足迹遍布区内100多所中小学和幼儿园。我在工作中逐渐了解她的想法，与她在思想碰撞中产生共鸣。这本书由东北师范大学出版社出版，相信它能给学校开展家庭教育工作带来新的启发与思考。

党的十九大开启了全面建成小康社会、奋力实现中华民族伟大复兴中国梦的新征程，而建设高质量教育体系是夺取新时代中国特色社会主义伟大胜利的坚实基础和强力引擎。家庭教育不仅在儿童成长过程中发挥着奠基性作用，还肩负着培养担当民族复兴大任的时代新人的重要使命。家庭教育是"家事"，更是"国事"！

2013年3月，中国教育科学研究院广州荔湾教育改革实验区成立。在实验区成立的契机下，荔湾区的教育发展获得了难得的机遇。我了解到协和幼儿园多年以来对家庭教育的接续探索，其能够紧紧围绕家庭教育的发展方向，扎根区域特色，明晰家庭教育和学校教育在人的发展过程中的重要作用，基于不同的时代背景为家长提供合适的家庭教育策略，让学前儿童能够在身心快速发展的阶段得到家长科学有效的教育和保护，对学前儿童身心健康发展具有重要的意义。本书是协和幼儿园的家园共育探索的阶段性成果。

近几年，疫情导致儿童时常处于在家学习的状态。因家庭教育不当引起的家庭亲子冲突加剧，许多儿童甚至出现心理问题，严重影响家庭和社会的和谐稳定。

党的十九届五中全会提出了全面建设社会主义现代化国家的宏伟目标，要求"建设高质量教育体系"，并要求健全学校、家庭、社会协同育人机制。建设高质量教育体系，家庭教育是其中重要一环。家庭教育最重要的职责就是父母承担起使青少年健康成长的责任，培养良好的家风，做好示范引导，而这些都离不开社会和学校的支持。因此，回归到学校教育这一个环节，应该不断应时代的要求，思考如何优化家庭教育指导服务体系，让家庭教育发挥自身优势，与学校和社会形成全员、全程、全方位育人的合力。

本书所倡导的家庭教育，是基于全民学习和终身学习的教育，旨在帮助每个家庭成员努力地做好自己，以儿童为本，使每一位家庭成员认识、懂得和能够以正确的方式，实现自己、家人和家庭的共同成长。本书所倡导的教育，是立足幼儿园，辐射社区，面向社会全体成员，家、园、社一体，引领和提升全民教育、终身教育质量，推动形成高质量教育体系的一种有力探索。

家庭教育，是一篇利在长远、功在千秋的大文章。展望未来，随着生活水平不断提高、父母育儿观念的转变，人民群众对家庭教育的期待会更高。我们要更加坚定围绕落实立德树人根本任务开展家庭教育指导工作，引导家长用科学观念、合适途径、正确方法引导孩子成为身心健康、品德高尚、习惯良好、自我成长的时代新人。

我相信，在荔湾区全区重视家庭教育的氛围下，在中国教育科学研究院的专业引领下，在一大批基层家庭教育实践成果不断涌现的带动下，更多有特色、有影响的家庭教育经验会在神州大地开花结果，造福万家！

中国教育科学研究院副研究员　单志艳

2022年1月

单志艳

中国教育科学研究院副研究员，北京师范大学心理学院博士，中国中医科学院博士后，北京师范大学教育学部儿童发展与家庭教育研究院学术专家，中国家庭教育学会理事，世界中医联合会中医心理学专业委员会常务理事，北京市婚姻家庭建设协会理事。主要从事家庭教育、发展与教育心理学等方面的研究。出版《发展教育学》《家庭教育学》《家庭发展学》等多部著作。主编两套丛书，分别是《当代家庭建设与家庭教育理论丛书》和《家庭教育科普丛书》（0～18岁孩子家长用，18本）。主持研究"家庭教育指导服务规范"项目并于2017年在中国教科院发布研究成果。

让生命与家庭链接

（代序二）

基于对家庭教育的探索，我与荔湾家庭教育学院结缘，经常参与区内的家庭教育建设工作。2014年1月，全国首家家庭教育学院——荔湾区家庭教育学院正式成立。广州市荔湾区协和幼儿园（以下简称"协和幼儿园"）先后被确定为荔湾区家庭教育学院实验基地、广州市学校家庭教育实践基地。因此，我对幼儿园家庭教育的建设开始满怀期待。自协和幼儿园第一本著作《和乐共长》的面世将协和幼儿园多年对家庭教育的研究基础凝练，到如今《和乐·苗坊——广州市荔湾区协和幼儿园家园共育课程探究》的即将出版，这是新时代协和幼儿园推动家庭教育发展的美妙新篇。

生命充满各种各样的体验，从呱呱坠地到蹒跚学步，从咿呀学语到完整表达，都经过无数的体验。在这里，家庭是生命能量的供给源地，幼儿园是能量接续的补给站。

家庭教育的核心是生命教育，生命教育既关乎人的生存与生活，也关乎人的成长与发展，更关乎人的本性与价值。生命教育在学前教育阶段的导入，不但能够培养孩子们的判断能力、排险意识、助人意识，更让孩子们体验到生命的珍贵，从而懂得保护自己、关爱他人，承担一定的社会责任，并促进其身心全面健康发展。

新时代重大公共卫生事件席卷全球，生命问题直接摆在人们的面前，引起了人们对生命广泛、全面而深刻的思考。如何理解生命教育？生命教育涉及哪些内容？生命教育能带来什么？学校的生命教育应该如何渗透？生命教育应该怎么做？这些既是生命教育的基本问题，也是教育实践不断探索研究的重要内容。

2022年1月开始施行的《中华人民共和国家庭教育促进法》明确了家庭教育的

概念、内容和方法，是促进未成年人健康成长和全面发展的法治保障。其要求对未成年人实施道德品质、身体素质、生活技能、文化修养、行为习惯等方面的培育和引导。这是国家从法律层面规定了未成年人的成长导向，同时映衬了家庭教育中的核心——生命教育。

《和乐·苗坊——广州市荔湾区协和幼儿园家园共育课程探究》是协和幼儿园全体同仁怀着多年对家庭教育研究的赤子之心，怀抱着"让每个幼儿生命出彩"的发展愿景，传承和创新发展百年老园的积淀，精准把握幼儿居家生活学习与家园共育教育课程建设的重心，依托线上互动教学，以幼儿为主体，以家庭为单位，充分发挥幼儿园的教育指导作用，调动家长、教师、幼儿共同参与的主题课程。在这个课程落地的过程中，我们能够看到协和幼儿园不断在团队管理、课程建设中渗透关于对个体生命的关注的思想，课程在不断地实践和反思中展示出一种人文关怀。这是协和幼儿园的教师们的智慧结晶，也是协和幼儿园在探索家园社共育的过程中展示出来的着眼于幼儿生命健康成长的追求。在教育中，幼儿园是专业机构，家庭和社区则是非专业单位。但是，幼儿园、家庭和社区不是相互孤立的教育"孤岛"，而是彼此联系、互相补充的"环岛"。在教育大环境发展下，家庭、幼儿园、社区合作共育，将会达到最佳的教育状态。

《和乐·苗坊——广州市荔湾区协和幼儿园家园共育课程探究》是构建家园社教育一体化探索的一个鲜活典范，必将更加广泛而有效地对幼儿园课程改革和建设起到重要的指导和推动作用。

家庭教育促进法研究中心负责人　张名源
2022年2月

张名源

家庭教育专家、生命教育专家，中国科学院心理研究所生命生存生活实验教材《我的影像成长日记》总策划，"家庭教育整体提升方案及服务体系建设"首席专家，影像德育与电影生态治疗技术创始人。

让每一个生命出彩

——大健康背景下的实践者

（自序）

党的十八大以来，以习近平同志为核心的党中央把维护人民健康摆在更加突出的位置，召开全国卫生与健康大会，确立新时代卫生与健康工作方针，印发《"健康中国2030"规划纲要》，发出建设健康中国的号召，明确了建设健康中国的大政方针和行动纲领，人民健康状况和基本医疗卫生服务的公平性、可及性持续改善。

现代社会全球化、人类命运共同体的出现，引领着我们思考未来培养什么样的孩子。健康是1，其他是1后面的0；没有1，有再多的0也没有意义。在学前教育阶段，健康是需要坚定打下的首要基础。在大健康的背景下，什么样的课程才能为未来培育新时代社会主义接班人？

1. 把握时代新契机，抒写育人新篇章

教育部"十四五"规划开局之年，建设高质量教育体系、全面加强教育信息化的顶层设计和统筹规划是其中一项重要举措。加快推进"互联网+教育"发展，促进信息技术与教育教学深度融合，发展更加公平、更有质量的教育。全国各省教育局响应国家的政策指引，为给广大学生提供学习资源和学习服务，开启了"线下线上教育新模式"。在这个大浪潮中，师生都在不断尝试和体验这种全程参与的、史无前例的、真实与虚拟并存的"线上教育"。中国教育新的智能化教学重构，掀起了不容小觑的浪花。国外有报纸评论，中国成为试验全盘"线上教育"的最大平台，形成了全球最大规模的"线上教育"，中国的教育界、教师、学生、家长都经历了这次"大考"。在这次"大考"中，面对全人类社会的健康挑战，广州市荔湾区协和幼儿园（以下简称"协和幼儿园"）积极面对时代的新要求，围绕幼儿生活圈所见所闻开发出操作性较强的线上家园共育教材，探索新的协同育人方式，以推进学前教育线上线下融合教育的发展。

2. 从理论到实践，打造家园共育新局面

在教育领域飞速发展的时代，传统教育模式与课程正逐渐迭代更新，取而代之的是既顺应时代发展要求又兼顾受教育者发展需要的新教育理念与新课程，这也成为教育工作者必须深入研究的课题。

2014年3月30日，教育部印发了《教育部关于全面深化课程改革落实立德树人根本任务的意见》，在该文件精神的引领下，落实立德树人的根本任务成为基层学校的重点工作方向。在这样一个"摸着石头过河"的时期，为了引领各类学校文化与内涵建设，中国教科院教育研究者们顺应政策，提出了打造"新样态学校"的教育新理念与路径，为基层学校落实立德树人的任务提供了一条可供实践之路。

中国教育科学研究院副院长陈如平指出：所谓"新样态学校"，旨在去功利化，反对各种非科学、反教育的行为，突出"有人性""有温度""有故事""有美感"的"四有"特征。育人是新样态学校的核心任务，内生性是新样态学校的文化表征，整体建构是新样态学校的有效模式。幼儿园作为基础教育的奠基启蒙阶段，应善于运用"新样态"的理论内涵引领实践探索，紧随社会发展的潮流，顺应教育发展的未来趋势。协和幼儿园结合区域与园所实际情况，积极发展、勇于创新。

协和幼儿园始建于1911年，百年园所见证了百年学前教育发展历史。园所位于广州市荔湾区，根植于浓厚的广府文化，在创建和发展创新的过程中形成了"和乐文化"品牌。在新样态学校蓬勃兴起的背景下，协和幼儿园抓住了机遇，从"我是谁？""我从哪里来？""我将去哪儿？"三个问题出发，探寻关键路径，找准学校的"DNA"，分析园所的优势与特色所在，在"协力和衷，作育英才"的办校思想的基础上，以"和而不同，乐学乐创"为办园宗旨，以培养"新六艺"为育人目标，坚持以家园共育实践积极促进园所品牌特色发展。在"新样态学校"发展的萌芽阶段，协和幼儿园便与中国教育科学研究院共同合作了文化内涵提升项目。经过近8年的不断努力与创新，协和幼儿园在荔湾区教育局和中国教育科学研究院专家的指导下推出了"和乐"课程体系与图谱，并于2019年出版面向家长的《和乐共长》一书，凝练了幼儿园的特色家园共育课程的研究阶段成果。

协和幼儿园结合目前的实际情况、本土资源、教师素质与幼儿发展需要等要素进行课程系列重构再升级，立身文化传统和既有资源，以原生态、去功利、致良知、可持续为发展目标，通过系统创新、整体建构走内生式发展之路，致力打造健康幼儿园。2020年，协和幼儿园成功申报广东省学前教育"新课程"幼儿园科学保教示范项目"岭南特色幼儿园健康教育课程构建与实施"，致力于挖掘岭南地域健康教育资源，开发岭南特色的健康教育主题，促进幼儿身心健康发展，以实际行动为健康中国的建设做出贡献。

本书共七章，以时间的线索串联。第一章交代"和乐·苗坊"家庭教育课程产生的背景，展示幼儿、家长、教师和幼儿园面对重大公共卫生事件挑战的应然与实然状态。第二章至第四章以植物生长的时期作为主线，串联"和乐·苗坊"家庭教育课程的研发过程，从课程萌芽期的思考和探索，到课程生长期的深化和钻研，再到课程开花期的绽放和沉淀，充分体现了课程研发所经历的困难和挑战。第五章主要阐述"和乐"教师团队在研发"和乐·苗坊"家庭教育课程过程中"从0到1"的成长和蜕变，充分展示了"和乐"教师团队凝心聚力、锐意开拓的优良品质。第六章主要阐述"和乐·苗坊"家庭教育课程的实施效果，与前面第一章相呼应，生动表现出家长在家庭教育中角色定位转变和家庭教育能力的不断提高。第七章为全书的结尾，也是新的展望，主要阐述"和乐·苗坊"家庭教育课程当前仍处于在实践中反思、在反思中不断进步的状态，蕴藏着协和幼儿园全体同仁对家庭教育研究持续深入的决心和信心。

以本书为节点，协和幼儿园对家园共育课程的探索链接了许多幼儿、教师和家长的生命，这些关于生命、关于健康的思考和探索以文本的形式被记录下来，阅读本书的人将会从一段段生动的实践故事中看到协和幼儿园对学前教育、家园共育锲而不舍的追求，从一份份丰硕的教育案例中感受健康第一的教育理念，这里面浓缩了园、人、事、物在实践中不断向上的可喜变化，也承载着对未来的生命质量和健康安全的美好期盼。

作者

2022年2月

目 录

第三章 "和乐·苗坊"的生长期

第四章 "和乐·苗坊"的开花期

第五章 乘风破浪的"和"团队

第一章

当开学遇上居家

假如一场突发的校园公共卫生事件发生，班级里有小朋友或教师感染了极具传染性的病毒，为了身体健康和生命安全，师生不得不居家隔离，导致无法如期开学，学习和生活的步伐被打乱，在这种境况下，如何以合理的方式调整师生心态和行为，从而使他们尽快投入正常的学习和生活中？这是一个学校、师生、家庭三方所需要认真思考的议题，也是当今时代教育工作的头等大事。

第一节　突如其来的"黑天鹅"事件

　　突如其来的校园公共卫生事件导致开学时间一度推迟，甚至遥遥无期。考虑到幼儿特殊的身心特点，除了第一时间依法依规做好各项校园卫生安全工作外，幼儿园还必须采取特殊的工作举措，以确保幼儿在家的如期成长，随时做好复课准备。

一、"黑天鹅"事件

　　"黑天鹅"事件指非常难以预测，且不寻常的事件，通常会引起连锁负面反应甚至颠覆。

　　一般来说，"黑天鹅"事件是指满足以下三个特点的事件：它具有意外性；它产生重大影响；虽然它具有意外性，但人的本性促使我们在事后为它的发生编造理由，并且或多或少认为它是可解释和可预测的。"黑天鹅"存在于各个领域，无论金融市场、商业、经济还是个人生活，都逃不过它的控制。重大校园公共卫生事件就是校园安全里面的一个"黑天鹅"事件。它虽然在校园安全中属于一种小概率事件，但会对校园安全工作产生重大的影响。如何在"黑天鹅"事件中抉择，是幼儿园开展线上教育教学的契机，充满着无限的可能性和可行性。

　　对于幼儿园来说，开展线上教育教学，更多的是面向各个家庭，将教育重点转向家园沟通和家庭教育指导，教研转向研究如何提高家园沟通质量，如何完善家庭教育指导体系，如何筛选、创设适合幼儿居家进行的游戏和活动，拓展幼儿园家庭教育指导资源，推动优质资源的开发和共享，等等。

随着时代和社会的发展，幼儿园应该及时总结校园公共卫生事件带来的影响，"化危为机"，把灾难当作最现实的教材，采取有力的措施有效推进教育适应时代和特殊事件的发展。

二、受困的教育去向何处

有时候，出现的危机也蕴含着机遇，每一次的重大校园公共卫生事件都能赋予教育新的重大使命。在共同的遭遇中，每个人都多多少少会有不同的思考。重大校园公共卫生事件，会让教育旧秩序松动，甚至被打破，在新秩序尚未稳固建立之时，居家带来了"基础教育何去何从"等问题。"人无远虑，必有近忧"，教育困境使教育界涌现不安：居家会改变什么？受居家影响的基础教育会发生什么样的转变？教育如何建立新秩序、新格局？我们将会迎来什么样的新挑战？

展望、预测是本能的需要。但是，任何的展望都应该也必须建立在对现实问题和对过去反思的基础之上。对于新时代的教育生态的走向，人们的看法基本可以归纳为两种：一种认为，中国的教育生态将发生根本的改变，而且是向好的方向；另一种认为，从各类重大校园公共卫生事件的应对上，教育的走向难以看见教育生态的改变。

西南大学教育学部的林克松和朱德全认为，学校应对公共危机的能力是衡量学校教育治理能力现代化水平的重要维度。当发生重大校园公共卫生事件就暴露了社会现代化转型过程中遭遇的繁荣与危机的悖论，表征了人类与自然、个体与社会、工业与生态等多个二元范畴之间的紧张对立关系；也暴露了我国教育系统的沉疴新疾。教育系统应当以重大校园公共卫生事件为透视镜重新审视教育（学校教育）应对公共危机的行动范式。在应对重大校园公共卫生事件危机的过程中，学校应该构建常态化的公共危机应对机制、建立时效性的公共危机信息沟通机制、构建协同化的公共危机治理参与机制、落实针对性的网络教育质量提升机制、开展立体化的公共危机反思机制以及实施持续性的公共危机治理能力建设机制。

当代中国著名教育家、教育学家、华东师范大学终身教授叶澜认为：教育的丰富性和复杂性，在于它是以生存中、成长中的人的多方面的发展与完善为宗旨。它是以"人际交往"为原型发展出来的人类特定的社会活动。所以，教育不能缺失真实人生中的真实人际交往，包括师生之间和同龄人之间的交往；教育不能缺失真实的活动，包括丰富多彩的学校生活，真实世界所开展的、有益于身心主动健康发展的各种活动。教育之伟力远远不止于知识与技能的传递，而在于个体生命精神力量之成长；在于有更强大的内心，能面对复杂多变的现实世界；在于有更清醒的生命自觉，成为自己人生小船的船长，从制定航线，到绕过暗礁、战胜风浪，都要自主、亲历。因此，用这样的立场与视角看当前的教育，无论是对线上还是线下的教育教学，都需要做深度的反思与变革。

我国国家教育咨询委员会委员、北京师范大学教授钟秉林认为，面对重大校园公共卫生事件，教育要做到四点：一是要尊重教育规律，尊重学生身心发展特点，重视教育资源的配置和教师队伍水平的差异，推动教育治理体系与治理能力现代化；二是要发挥信息技术优势，构建服务全民终身学习的教育体系；三是要发挥科研优势，加强基础学科建设；四是要重视建立教育决策实施和风险评估机制。

当重大的公共卫生事件影响了人们的正常生活，我们应该深思人与自然的关系，正确把握人与自然的关系。对于幼儿来说，行动被约束的焦灼和烦躁、开学后各种不适应，这些都切切实实地在以某种方式直接或间接地影响着他们的生活和学习以及他们的发展。南京师范大学教育科学学院教授虞永平认为，幼儿天生具有亲近自然的特性，因此在幼儿教育的层面上，应该充分利用儿童的天性，落实环境的改进和课程的变革，为深埋在幼儿心灵深处的种子提供良好的土壤和环境，让它们不断生长，从而让幼儿获得可持续发展。

参考文献：

[1] 林克松，朱德全. 教育应对公共危机的分析框架与行动范式：基于"新冠"重大疫情危机的透视 [J]. 华东师范大学学报（教育科学版），2020，38（4）：118-126.

[2] 华东师范大学"生命·实践"教育学研究院."生命·实践"教育学研

究：第2辑［M］.上海：上海教育出版社，2018.

［3］钟秉林，朱德全，李立国，等.重大疫情下的教育治理（笔谈）［J］.
重庆高教研究，2020，8（2）：5-24.

［4］虞永平.在疫情中重新认识学前教育可持续发展［J］.学前教育研究，
2020（6）：3-8.

第二节　开学延期，成长不能延期

开学延期，但幼儿的成长不能延期。重大校园公共卫生事件带给我们的不仅是身体健康和生命安全的威胁，还有心理适应上的挑战，很多幼儿因为居家出现了不同的情绪反应。应对重大校园公共卫生事件，我们不仅要和病毒做斗争，也需要呵护幼儿的情志，满足幼儿身心健康发展的需要，让他们如期成长。

一、如期成长的幼儿

幼儿教育科学与否，取决于教育能否适应幼儿身心发展的特点与需要。幼儿身心发展具有顺序性、阶段性、不平衡性和个体差异性等多种特点。

（一）幼儿身心发展的顺序性

幼儿身心发展的顺序性是指个体的发展是由低级到高级、由简单到复杂、由量变到质变的过程，这个过程遵循一定的顺序，而且是不可逆转的。例如，个体从出生依次经历的是婴儿期、幼儿期、童年期、少年期等。每一个时期都有其相应的特点和规律，教师在教育幼儿的时候要依照每一个时期的需要循序渐进，不能"揠苗助长""陵节而施"。同时，在幼儿成长的过程中，我们需要为幼儿的成长提供满足这些特点和规律的条件，否则就会阻碍幼儿的成长。

（二）幼儿身心发展的阶段性

幼儿身心发展的阶段性是指个体在不同年龄阶段表现出身心发展不同的总体特征和主要矛盾。例如，我国心理学家将个体的发展划分为乳儿期（0—1周岁）、婴儿期（1—3周岁）、幼儿期（3—6周岁、7周岁）、童年期（6周岁、7—11周岁、12周岁）、少年期（11周岁、12—14周岁、15周岁）、青年期

（14、15—25周岁）、成年期（25—65周岁）、老年期（65周岁以后）八个阶段。其中，我国儿童心理学家陈鹤琴根据儿童的年龄特征，将幼儿期划分为新生婴儿、乳儿、步儿、幼儿四个阶段。再如，瑞士心理学家皮亚杰认为，在个体从出生到成熟的发展过程中，幼儿的认知结构在与环境的相互作用中不断重构，从而表现为不同阶段，因此他把儿童思维的发展分为感知运动阶段、前运算阶段、具体运算阶段和形式运算阶段四个阶段。人在每一个人生阶段都会形成一般的、典型的、本质的特征。又如，童年期是生理发展相对稳定与平衡的时期；少年期又称为"危险期"或"心理断乳期"。

并不是所有的幼儿都会在同一年龄完成相同阶段的发展。然而，他们通过各个阶段的顺序是一致的。顺序性强调的是一个过程、一个整体，阶段性强调的是某一个阶段；顺序性是由多个阶段构成的，前一个阶段是达到后一个阶段的前提。阶段的发展不是间断性的跳跃，而是逐渐、持续的变化。由此，我们可以更好地理解幼儿多种行为的根源和目的，从而锻炼和培养幼儿的情绪、情感以及天赋能力。例如，2—7周岁的幼儿处于前运算阶段，在这个阶段，幼儿具备了符号语言功能，词汇得到发展，即形成使用字词、手势、标记、想象等符号的能力。这个阶段的幼儿，思维具有不可逆性，尚未获得守恒概念，还是自我中心主义的，当然，幼儿并非一直如此。因此，在这个阶段，我们应该重视幼儿的语言和思维的发展。

（三）幼儿身心发展的不平衡性

幼儿身心发展的不平衡性有两层含义：一是同一方面不同速。例如，个体的身高在婴儿时期和青春期是快速增长的，其他时期都是缓慢匀速增长的。二是不同方面不同步。例如，一般来讲，两岁是幼儿发展口语能力的关键期，那么我们要在此时期训练幼儿的口语能力。关键期也叫敏感期或最佳期，在某一身体因素发展的关键期，该身体因素的发展速度最快，教育者应适时而教。

真正爱孩子，是要给孩子独立成长的空间。例如，当孩子长出牙齿，有了咀嚼的需求，就给孩子提供咀嚼的机会，锻炼孩子咀嚼的能力；当孩子可以说出一个字时，就要给孩子提供交流的机会，锻炼孩子说整句话的能力。

（四）幼儿身心发展的个体差异性

幼儿身心发展的个体差异指个体发展在具有整体共同特征的前提下，每一个幼儿的身心发展表现形式、内容和水平方面，都可能会有自己的独特之处。要注意的是，个体差异性有两层含义：一是个体差异，如聪明早慧和大器晚成；二是群体差异，如男女群体的差异，普遍来讲，男孩子活泼好动，女孩子心思细腻。例如，刚上幼儿园第一天，幼儿园里的很多小朋友都哭闹不止，每个人的表达方式都不一样。有独自默默流眼泪的，有急得撒泼打滚儿的，有寻求老师安慰的，还有的会主动安慰其他小朋友，其独立自主和情绪管控能力培养得特别好。这说明，幼儿的兴趣爱好和性格各不相同，他们也都有自己独特的表达方式。蒙台梭利认为，在幼儿的心灵中有着不为人知的奥秘，这些奥秘随着幼儿心灵的成长，会逐渐显现出来，就像生殖细胞在发展中遵循某种模式一样。这种深藏的秘密只能在不断发展的过程中才能被发现。此外，蒙台梭利认为，每个幼儿的精神都是不同的，各有自己的创造性，幼儿时期明显的孤弱状态是其富有特色的个性的苗床。

幼儿不受固定的和预定的主导本能的束缚，事实表明，他们有着天生的自由行动的个性。教育就像牵着蜗牛去散步，只有我们摸清孩子的性格特点，发现孩子的闪光点，遵循孩子身心发展的特点，一步一个脚印，用足够的耐心陪着孩子，孩子才会如期成长。

二、当代儿童观

重温当代儿童观，能帮助我们牢记儿童教育的核心，不偏离儿童教育的轨道。

什么是儿童观？儿童观是一个时代人们对儿童的总的观点，是对"儿童是谁""如何培育儿童""培育怎样的儿童"等问题的归纳、总结的教育理念和态度。一个人的儿童观会进一步影响其教育理念、教育方式和实践行动，尤其是教师和家长。对儿童采取什么样的态度和价值观，就会有什么样的教育观；有什么样的教育观，就会培养出什么样的人。

儿童观的形成受到特定社会背景的影响，也会受到文化与观念的影响。自五四运动以来，我国的儿童观的演进经历了多个阶段：五四运动前，儿童是"工具"，是个人财产，体现的是"家庭本位"儿童观；五四运动至中华人民共和国成立，西方文化思想为我国儿童观的改变带来了新思潮，我国逐渐形成"儿童本位"儿童观；中华人民共和国成立至改革开放，儿童成为社会主义事业发展的重要力量，"社会本位"儿童观出现；改革开放至20世纪末，学前教育事业迎来春天，"儿童本位"儿童观得以重现；21世纪至今，时代的进步促使"儿童本位"儿童观的现代内涵不断发展，儿童个人发展与社会发展关系获得人们更深一层的审视。

进入21世纪，社会的政治、经济、文化和生产力的发展将教育带入了现代化发展的轨道。不管是国家相继出台的政策——《幼儿园教育指导纲要（试行）》（2001）、《国家中长期教育改革与发展规划纲要（2010—2020年）》、《3—6岁儿童学习与发展指南》（2012），还是社会普遍存在的价值观念，都认为儿童教育应该使儿童享有幸福的童年，应致力于发展儿童的个性和创造力；童年不只是为成年做准备，而是具有重要意义的发展阶段和经历。"以人为本""以儿童为本位"的儿童观成为21世纪现代儿童观建立的坚实支柱，人们在此基础上不断追求与完善"儿童本位"儿童观的现代化内涵。

（一）儿童是自然的存在

1."儿童是人"

"儿童是人"强调儿童生来作为自然人，具有本真性，教育所愿实现的是儿童自然天性的成熟与显现。儿童有自己的身心发展规律和特点，他们和成人一样是自我建构的主体，他们的生命价值和人格应该受到同样的尊重和保护。

2."儿童是儿童"

儿童的生命与成人有同样的价值，但儿童又不同于成人，因为儿童和成人是个体生命的两种不同的状态。儿童是生命的起始状态，生理和心理的发展需要成人的呵护，地位和权利的实现需要成人的保护。儿童不因其比成人弱小、不因其未发育成熟、不因其有赖于成人的保护和教育而被剥夺地位和权利，我们应该尊重儿童期独有特征，并肯定其发展的价值是其他任何发展阶段无法替代的。

3."儿童是正在发展的人"

儿童在生理上是不成熟的，认知与情感的发展是幼稚的，动作技能的发展是不完善的，我们应该肯定其未成熟状态，但不容忽视的是，这种未成熟状态是具有积极意义的，是一种向前生长的力量。

（二）儿童是社会的存在

1.儿童时期具有独立存在和为成人做好准备的双重价值

儿童时期是成长的起始阶段，过渡到成人期、老人期是自然规律，前一个阶段必然是后一个阶段的基础和准备。

2.儿童有其独特而丰富的活动，这些活动形式丰富多样

儿童常常用独特的方式来探索外界事物。儿童是游戏者，他们的活动可能是诗性的、童话的、梦想的、好奇的、冒险的……是转变的、是生长的。游戏是儿童的本能，是最适合他们的成长机制，儿童的任何活动都可以看作游戏的某种形式。

3.儿童的成长是从自然人向社会人过渡的过程

从社会学角度来看，个体要在一定的社会环境中才能生存。儿童是社会发展和延续的载体。因此，在社会生活中，儿童应该享有其相应的社会地位和权利，同时，社会的各个领域都应该为儿童提供适合其成长的环境和文化氛围。

（三）儿童是精神的存在

1.无意识是儿童的生活之根

从古至今，关于儿童本能的善恶之争从未停息。原罪说认为儿童生下来就带着罪恶；而孟子的"四端"说和夸美纽斯的"种子论"认为儿童的本能蕴含着天然的文明、道德和虔诚。荣格在现代科学的背景下认为：儿童与生俱来的精神生活是古老的、动物式的、无意识的；意识是从无意识的生活中萌生出来的，它是儿童今后一切意识生活的根基。

2.儿童的精神生活独具魅力

儿童在自己的游戏、想象中可以上天入地、降魔伏道，他们的世界要比他们长大成人以后发现的那个客观宇宙更为广阔。儿童丰富的世界来源于历代祖先世界的叠加、积淀、浓缩。因为这些都是无意识的，所以儿童的世界才如此

纯真。

3. 尊重儿童天性，还儿童幸福童年

儿童不仅具有其内在的、生动的精神生活，还具有形之于外的、丰富多彩的文化活动。儿童的天性里面存在着许多原始本能，如野蛮、神秘、梦幻、荒唐等。成人感觉这些很无聊甚至是"毒药"，想要加以控制，结果往往适得其反，因为这些可能是儿童成长的养料。其实，满足儿童的生活需要和成长需要，才是成人对儿童的责任。在不影响儿童健康和他人权利的情况下，只有尊重儿童自发的游戏、似乎荒唐的想法以及反映本性的生活需要，才能真正做到给儿童松绑，换来儿童的幸福童年。快乐、自由、诗意的生活是童年的真谛，儿童本应是完整、具体、丰富、生动的个人，应获得人的尊严与价值。

儿童观的发展经历了从"埋没"中"解放儿童"到达成"尊重、保护儿童"的共识以及付诸行动的过程，这是21世纪"儿童本位"儿童观的应有之义。可以感受到，进入21世纪以来，人们对于儿童的认识更为深刻。现代教育学的基本立场是以儿童为中心、以儿童为本位的。这不仅在于社会主义现代化发展的催化，也在于儿童观自身发展内在张力的释放。"儿童本位"儿童观在个人发展与社会发展关系的再审视中进一步得到解读。这些转变是在不断变化的，在教育研究与实践过程中，我们要学会始终支持儿童研究这项事业，并加入研究儿童、尊重儿童、热爱儿童的队伍。

三、新时代的幼儿学习个体

《3—6岁儿童学习与发展指南》是幼儿教育的重要指导性文件，也是幼儿教师日常工作的重要依据。《3—6岁儿童学习与发展指南》的"实施要求"中的第三点关于幼儿学习方式的具体要求是："幼儿的学习是以直接经验为基础，在游戏和日常生活中进行的。要珍视游戏和生活的独特价值，创设丰富的教育环境，合理安排一日生活，最大限度地支持和满足幼儿通过直接感知、实际操作和亲身体验获取经验的需要，严禁'拔苗助长'式的超前教育和强化训练。"这实际上就是要求幼儿教育工作者首先了解幼儿的学习特点和方式。幼儿教育要体现幼儿独特的年龄特点，幼儿教师要有意识地采取适合幼儿的学习

方式与教育方式。

（一）常态下幼儿的学习方式

学习方式关注的是"怎么学"的问题。幼儿学习的方式随着语言的发生及其在心理活动中的作用的增强而有所变化。一般来说，幼儿的学习方式和教师的教育行为是影响幼儿学习效果的两个最重要的因素。由于受到生理条件反射和心理发展的年龄特点等方面的影响，幼儿的学习与中小学生的学习有着明显的差异。从学习形式的角度来看，游戏一直被看作学前期幼儿最重要的活动形式。幼儿主要是在游戏的过程中学习的。

常态下幼儿的学习方式主要包括观察模仿学习、对比学习、语言理解学习、操作尝试学习、同伴合作学习等。幼儿对于不同的学习内容，会采用不同的学习方式。

1. 观察模仿学习

观察是幼儿学习的主要方式。从幼儿的心理年龄特点来看，幼儿主要是通过感知、依靠表象来认知世界的。感知是幼儿依靠感觉器官的直接接触，包括视觉、听觉、触觉、嗅觉、味觉等，来获得直接经验；表象是客观事物留在头脑中的形象。两者的联系在于：感知是表象产生的前提，只有在感知的基础上才能形成表象。我国著名心理学家陈帼眉先生一直强调感知在幼儿学习中的作用。他认为，幼儿是借助于形状、颜色、声音来认识世界的，而不是依靠语言交往所获得的知识来认识世界的。这是广义的观察学习，幼儿的观察学习常常与模仿相联系。

幼儿的模仿学习比婴儿要多得多。幼儿主要模仿一些表面的现象，4岁前的幼儿，别人做什么，他也要做什么。4岁以后，幼儿常常在无意识中学习和模仿，特别是不自觉地模仿亲人和教师的举止行为，并将之大量用于行为与态度方面。在这里，潜移默化的影响特别明显。

2. 语言理解学习

幼儿语言理解的学习，主要用于在成人讲解和指导下对行为与态度的学习。与婴儿相比，幼儿会大量使用语言理解的学习方式，包括倾听、提问、对话等；与成人相比，幼儿的学习会更依赖于感性而不是理性，更依赖于归纳而不是演绎。成人苦口婆心的讲解，幼儿常常是听不进去的。其中的重要原因就是，成人过多使用抽象说教的方式或是对某一件事进行演绎推论。

倾听学习是指幼儿通过听觉器官对声音的感知而进行的学习。倾听学习是一种特殊的语言理解学习。幼儿通过倾听可以辨别语音，学习语言，进行言语活动，发展空间方位和距离知觉。倾听学习要有一个相对安静的环境，尤其是在听故事的时候，应养成幼儿注意倾听的习惯。

3. 操作尝试学习

操作尝试学习是幼儿重要的学习方式，是幼儿摆弄物体并对物体进行探究与发现的过程。幼儿对世界的探索离不开操作活动。《儿童社会性发展指南——理论到实践》中有这样一段话："我听见，我忘了。我看见，我记住了。我做，我理解了。"这段话强调的正是幼儿亲身操作探究学习的价值。好奇、好动、好问是幼儿期典型的特点，而操作尝试的方式最适合幼儿心理的这一特点。这种方式不但满足了幼儿的心理需求，更重要的是，有助于他们获得真正的在理解基础上的记忆。

尽管2岁以后，幼儿的言语功能在不断发展，但操作活动，特别是作为幼儿主要活动方式的实物操作活动的重要性一点也没有减弱。操作学习方式可以分为多种具体的形式，包括手把手的操作、尝试错误的操作、模仿示范的操作、反复练习的操作。

手把手的操作是指幼儿在学习一些运动技能时（如握笔、拿球等），均需要成人对幼儿手把手地教学，单纯的言语讲解并不能使幼儿细致地观察和准确地把握动作。尝试错误的操作是指幼儿在摆弄物体时，有时会自发地尝试错误性质的操作，经过尝试错误，幼儿可能会出现"顿悟"，获得某种学习成果。例如，一个幼儿在玩沙子，他想把沙子装到漏斗里，但他一边装，沙子一边漏出来。他把手指塞到漏斗的底部，把沙子堵住。漏斗里的沙子满了以后，他把漏斗放到一个瓶子上面，想让沙子漏到瓶子里。可是，他的动作慢，沙子漏得快，沙子总是漏到瓶子外面。幼儿尽量加快动作速度，还是赶不上。突然，幼儿"开窍"了，他把漏斗直接放在瓶子上面，再装沙子，沙子很快就装满了瓶子。模仿示范的操作是指幼儿跟着示范者的动作一步步、一个动作一个动作地学习。反复练习的操作是指幼儿在反复的练习中，逐渐掌握动作要领，养成习惯。

美国心理学家桑代克的"尝试—错误"学习理论强调的就是幼儿自发进行操作尝试学习并从中获得经验的过程。皮亚杰在其理论体系中也对幼儿的操作尝试学习给予了高度重视，他认为幼儿的数学逻辑经验就是来源于幼儿的这种尝试操作学习。皮亚杰有一个著名的数量守恒实验：在实验中，两堆数量相同的石子以不同的排列方式存在，一堆是一排摆放，另一堆是随意堆放在一块儿。对于幼儿来说，他们直观上看不出来两堆石子的数量是相同的，只有将两堆石子一一对应排列（操作活动），才能发现两堆石子的数量相同。这个实验表明幼儿通过操作尝试的方法获得了数学逻辑经验，也就是抓住了事物的本质，皮亚杰将之称为"守恒"。

在操作尝试学习的过程中，幼儿通过亲身经历学习的过程，感受操作实验带来的乐趣，经历失败和成功等体验，这些切身的体会会让他们对事物的理解更加深刻。

4. 同伴合作学习

同伴合作学习是指幼儿与同龄伙伴之间积极交往（如共同做事、交流、分享、讨论等），强调的是通过幼儿间的积极相互作用形成对事物的正确认识。

同伴合作学习在促进幼儿思维发展方面起着重要作用。重视同伴间的合作学习是当今世界教育的发展趋势。幼儿在与他人的交往过程中会产生认知冲突（意见不一致），认知冲突又必然引发争论，而争论会使幼儿对问题的认识越来越清晰、准确。因此，充分利用同伴合作学习的方式可以帮助幼儿达到更好的学习效果。在幼儿教育中，教育者应该充分重视幼儿同伴合作学习方式的价值，充分利用小组学习等方式，促进幼儿思维的发展。例如，以左右概念的训练为例，幼儿之间关于左右关系的社会认知冲突能促进其左右概念的发展，在幼儿体验左右概念的社会认知冲突之后，教师的讲解能提高5岁幼儿对左右相对性的理解，有利于其对认知冲突的正确和顺利解决。同伴合作学习的方式不只适用于幼儿教育，也同样适用于其他各级各类的教育。

（二）新样态下幼儿学习方式之"新"

新样态下幼儿的学习方式之"新"体现在以幼儿为中心，促进幼儿学习能力的提升，促进学习真实发展等方面。

1. 场景学习

场景学习是为了幼儿而存在的，新样态下幼儿的学习方式坚持幼儿立场，以幼儿的视角，构建幼儿的文化。

幼儿在不同的学习场景中，学习方式是有所差异的。归纳起来，幼儿场景学习的主要学习方式包括发现学习、体验学习、项目学习、服务学习等。

（1）在场景中观察和体认。

幼儿是场景的建构者，在生活场景中，家长或者教师可以有意识地引导幼儿带着问题去观察。幼儿每天在不同的场景中感受，教师和家长在场景中体会和感受特定的教育意义。教育教学中的场景存在，其最终目的不是让幼儿"观剧"，也不是为了博取幼儿的眼球，而应秉持"儿童在场景中央"的原则。这样具备"时空、幼儿参与和思维介入"的场景才是幼儿的学习场景，其中，幼儿是场景学习的主体。幼儿参与得越好则场景学习的质量越高。

（2）在场景中想象与表达。

对于已经上幼儿园的幼儿来说，幼儿园是最大的、也是最重要的学习场景。教师摒弃说教，运用场景教学，引导幼儿借助一个游戏、一幅图画、一段音乐展开想象的翅膀来参与和表达，从而让学习真实发生。适合幼儿的教育才是最好的教育，学习场景也是如此。新样态下的幼儿教育在理解幼儿的基础上，用幼儿的视角去设计场景，让学习场景充满童心。例如，允许幼儿有其私密的空间，能够拥有并保守秘密是幼儿成长和走向独立的一个标志，而能够与自己最亲近的人分享自己的秘密是幼儿成长和成熟的表现。幼儿的成长需要自己的房间，而且房间的设计应该征求他们的意见，甚至允许他们去"改造"；幼儿还需要一个窥视成人世界的空间，作为成人应该保护这个空间；幼儿还可能需要一个更小的私密空间，这个空间不允许成人随意破坏……总之，作为家长和教师，应当努力去呵护这种"无心插柳"的学习场景。

（3）在场景中连接与创造。

幼儿教学中的场景，连接的是生活世界，也连接着虚拟世界和未来世界。

虚拟的世界，是现实中缺少的部分，而未来的世界是幼儿将来要去的地方。创建场馆可以为幼儿呈现真实的生活问题情境或者呈现幼儿难以见到的域外风景、风俗和动物等，为幼儿观察和创造提供场景和载体。

（4）在场景中操作和建构。

发展幼儿，就要理解和解放幼儿。幼儿平时更多的时间活动在社区和家庭，社区和家庭理应是他们成长的场景。无论幼儿向往什么场景，家长和教师都应该尊重他们，或许条件简陋但能够释放天性的地方，就是他们的首选；幼儿在场景中，无论喜欢什么样的方式，我们同样都要尊重他们，或许他们与伙伴商量出的就是一个好创意……解放头脑、解放双手、解放嘴、解放空间及解放时间。回到场景学习的环境，无论在幼儿园、在场馆、在社区家庭还是在幼儿的私密空间，我们都应该相信他们、解放他们、支持他们及鼓励他们。

2. 深度学习

依据对幼儿深度学习的内涵及特征的分析，结合杜威对学习过程的描述，可以将幼儿深度学习的过程刻画为三个阶段，即还原与下沉、经验与探究、反思与上浮。

（1）还原与下沉。

教师通过真实情境和丰富材料的提供，尽可能将抽象化的知识还原为幼儿能够直接理解的"经验"。幼儿可以在真实情境中感受知识的多维表征。亲身经历和亲手操作可以更容易激活幼儿的前结构知识，实现新旧知识的链接。幼儿在理解知识内涵和实际操作的过程中，感受知识发生的来龙去脉，了解其发生、发现或发明过程，从而达到深度学习。

（2）经验与探究。

幼儿在真实情境中体验不同角色，经历新旧经验之间的认知冲突，不断和情境互动，与伙伴对话、合作，与自我的已有经验对话，进而对知识的内涵和本质产生符合自我图式的理解，也就是将科学概念或抽象概念与幼儿自我的生活概念产生联系。幼儿通过不断同化和顺应，改变已有的认知结构，实现对知识的深度理解。

（3）反思与上浮。

幼儿通过教师提供的各种资料和平台清晰地了解自己的学习过程、学习状态、学习结果等，推动元认知的实现，不断调试自我的学习状况。同时，幼儿通过教师的深度教学，对教学过程进行回顾，对知识进行解构、整合、再解构、再整合，将新知识和已有知识建立联结，构建符合自我图式的个体知识。在此基础上，幼儿将内化的经验调取、迁移、应用，创造性地解决新问题，真正意义上完成深度学习。

四、幼儿宅家的成长需要

非常时期，本该返园的幼儿，却不得不宅在家里。随着宅家的时间越来越长，幼儿的生活难免会受到影响，幼儿难免产生焦虑、烦躁的情绪，甚至更严重的心理问题，这些会影响幼儿的健康成长。作为家长，需要了解幼儿的成长需要，抓住和幼儿宅家共处的机会，给予幼儿陪伴和关怀、尊重和理解、宽容和耐心，让幼儿如期成长。

（一）规律有序，自主成长的需要

3—6岁是幼儿生活自理能力初步形成的关键时期，家长要把握住这个关键时期，持续培养幼儿最基本的生活自理能力。幼儿形成一定的生活自理能力，有助于培养幼儿的责任感、自信心以及自我管理的能力，这对其今后的生活和后续发展有着深远的意义。

宅家期间，特殊而漫长，家长对幼儿的陪伴显得更为重要。那么，有多少家长能坚持让幼儿自己的事情自己做呢？幼儿在幼儿园养成的习惯有没有忘记呢？幼儿是不是按照作息时间有规律地入睡、起床，自己吃饭、穿衣、收拾玩具……这些需要幼儿自己做的事情，是不是因为这个居家假期，被家长"代替"了呢？这些问题值得我们关注。其实，家长可以在这个难得充裕的时间里，对幼儿做好启发、引导和教育。因为教育不一定非要发生在学校。助推幼儿的成长，需要每一位家长的努力。

科学合理的营养膳食、规律的作息和适当的运动，能有效改善幼儿的营养状况，增强幼儿的抵抗力，有助于预防病毒传染。因此，幼儿园应向家长提供一些3—6岁幼儿的膳食指南和幼儿生活自理能力发展指南，指导家长在家中注意幼儿的均衡膳食，指导幼儿规律进餐，培养幼儿良好的饮食习惯和规律的作息习惯。此外，家长应该根据幼儿生理发展的特点，培养幼儿的生活自理能力，做幼儿的习惯养成教师。

（二）尊重理解，快乐成长的需要

漫长的居家假期限制了幼儿的活动空间和活动范围。幼儿想出去玩、想出去上课，却被"画地为牢"，少了伙伴的陪伴和户外活动的空间。这时，他们会受到哪些影响？

（1）外部影响。

3—6岁幼儿的世界是前逻辑的、泛灵论的、想象的和超自然的世界，他们的情绪理解和情绪控制能力的发展在萌芽阶段。幼儿容易被他们看到的、听到的和感受到的影响。幼儿对传染病毒的认识是一种朴素的生物学认识，他们搞不清楚病毒是什么东西，把病毒想象成一个大怪兽或者坏蛋，从而在家心情会变得焦虑。此外，幼儿没有途径获取更多的信息，即使获取了相关信息也无法理解，他们既会感到好奇，也会觉得烦躁、害怕、不安，甚至可能会乱发脾气，但此时的幼儿不是胡闹，因为他们确实无法理解这个世界为什么和平时完全不一样。

（2）内在原因。

幼儿受到语言和思维限制，不能很好地表达出他们的想法。在受到负面情绪影响时，未必所有幼儿都会哭闹，有的幼儿的表现可能是安静、沉默地坐着，但这并不意味着孩子"应对良好"。同时，3岁左右的幼儿有时会把想象当成现实，误以为病毒的出现与自己有关。

针对这些现实，我们需要明白：无论发生了什么，幼儿都需要玩耍、需要陪伴、需要快乐地成长。家是为幼儿遮风挡雨的帐篷，对幼儿来说，世界上最温暖的教育就发生在家里。除了培养幼儿的生活自理能力、做幼儿的习惯养成教师外，家长还可以做幼儿的情绪管理、品格养成指导教师。

品格会传承——乐观豁达会传承、坚韧不拔会传承、与人为善会传承、幽默风趣会传承。给孩子最好的教育就是，用家长自己的行动去体现什么是正确的人生观、价值观、世界观，用家风去诠释什么是道德、良知、信仰。

居家时刻，幼儿的需求很简单，他们不但需要情绪稳定的父母，还需要有父母悉心的陪伴，更需要父母尊重、理解、包容他们。小家庭的温暖与坚定，在很多很多年以后，会让长大成人的孩子回忆起这段特殊的居家时光，记得每天餐桌上可口的饭菜，记得与父母一起阅读的图画书，记得和父母一起欢笑的游戏时光，以及那一段在记忆里始终闪闪发光的悠长假期。

（三）乐玩好学，共同成长的需要

幼儿教育是一个生态系统，需要各方的参与和努力。居家隔离期间，家长可以充分利用这个难得的机会，给予幼儿正面的引导，提高陪伴质量，开展家园互动，促进家园共育。

幼儿、家长、教师可以利用网络进行幼儿和教师、幼儿和幼儿之间的语音和视频互动，家长和教师、家长和家长之间也可以交流育儿心得。一般来讲，幼儿都很信任和崇拜自己的教师，必要时，家长可以寻求教师的指导和帮助，教师可以展现自己的专业水平，共同营造良好的教育氛围，让幼儿感觉自己生活在一个安全温暖的大家庭里。

针对居家隔离，中国学前教育研究会、各地教育行政部门、各高校和社会机构都推出了大量的线上教育资源，帮助家长和幼儿进行各种好玩的、有意义的游戏活动，顺利度过居家隔离的日子。家长可以利用这些资源，和幼儿一起玩游戏、阅读绘本、讲故事，创设想象的游戏空间，扮演不同角色（如勇士打怪兽），感受这些角色的恐惧、快乐或冒险等情绪，享受解决问题与冲突的快乐，化解幼儿的害怕和不安的情绪。同时，家长需要多和幼儿一起做运动，最好是能够利用上面所说的各种资源来做亲子运动游戏，提升家长陪伴质量、亲子互动质量和增进亲子感情，保障幼儿生活和睡眠的规律，宣泄幼儿负面情绪。

家长可以结合电视或其他媒体对对抗传染病毒的报道，给幼儿讲一些对抗传染病毒的先进人物的事迹，讲一讲解放军战士和医生、护士的英勇事迹，讲身边的保安、快递员、小区工作人员和各行各业工作人员坚守岗位的事迹，给幼儿传递战胜传染病毒的积极态度和信心。

参考文献：

［1］刘秋凤.五四运动以来我国儿童观的历史演进与反思［J］.现代教育论丛，2020（4）：69-77.

［2］孙圆.儿童观的演进及其教育学考察［J］.中国教育学刊，2017（1）：29-34.

［3］虞永平，王春燕.学前教育学［M］.北京：高等教育出版社，2012.

［4］叶妙企.科学的儿童观：幼儿教师专业素质之本［J］.中国教育学刊，2017（S1）：204-205，209.

［5］朱智贤.儿童心理学［M］.北京：人民教育出版社，1981.

［6］（美）马乔里·J.克斯特尔尼克，等.儿童社会性发展指南：理论到实践［M］.邹晓燕，等译.北京：人民教育出版社，2009.

第三节　家园云共育，危机下的教育突围

重大校园公共卫生事件的发生给幼儿教育带来了深刻的影响：社会教育观念、人才需求发生转变，幼儿的发展、教师的发展、幼儿园的发展迎来挑战；在大数据、人工智能等新兴信息技术的融合推动下，"互联网+教育"成为我国当前教育信息化阶段的特征；幼儿园延期开学，学前教育的工作阵地从线下转为线上……

一、教育观的转变

重大校园公共卫生事件的发生引起了教育领域的诸多转变：线上教学、居家学习成为师生教与学的主要方式；社会各界对教育、人才的需求转变，国家在教育理念政策方面的变化等；教育部积极倡导中小学"停课不停学"，但"严禁幼儿园开展网上教学活动"；鼓励各级教研部门积极行动，坚守教育核心理念，履行研究、指导和服务职能，发现研究短板，弥补研究缺失，为学前教育正确发展保驾护航；鼓励幼儿教育坚持以幼儿发展为本，凸显家庭教育指导价值和社区服务功能，加强家园沟通的专业性，提高资源的研究水平和开发质量，引领教师在家庭教育指导中创造专业价值；鼓励幼儿家长主动提升家庭教育能力，科学育儿，争做优秀家长，与幼儿一同成长；等等。在教育的可持续性发展上，尤其是学前教育的可持续性发展成为社会各界重点关注的问题，它涉及政策、环境、课程、资源等多个层面，需要幼儿园、教师及家长积极迎接挑战、抓住机遇，通过家园共育，同向运转，实现教育突围。

（一）社会变化

教育观念的转变是教育行动转变的先导。好的教育必须及时回应时代和社会的呼唤。要研究时代教育变革的走向，必须深刻洞察重大校园公共卫生事件带来的社会的各项变化，这是研究学校未来变革非常重要的视角。

重大校园公共卫生事件的发生，促使我们每个人进一步思考人生的意义和自身的价值，重新审视生命和健康；思考社会应该怎样科学有序地运转、人类和自然界的万物如何和谐共处、如何改进我们的生活这些重大命题；也由此思考应该把我们的孩子培养成为什么样的人，教育工作者应该承担什么样的使命。总的来说，当前经济社会发展的变化可以归纳为以下几个方面。

1. 重视科学技术的发展

经过几十年的改革开放，我国的综合国力得到迅速提高，引世人瞩目。但我国的崛起与发展的道路并不是平坦的。近年来，从中美贸易战到科技战，以及美国扼制华为所采取的一系列做法再次说明，今天制约中华民族崛起和发展的是高端的科学技术。要破除科技霸权，永远不再受制于人，要靠中国人创造能力的永续开发、中华民族创造活力的不断迸发。

2. 不确定性非常高

"黑天鹅"事件的发生让我们再次相信：不确定性将成为未来人类社会的常态。这种不确定性给教育带来的启示是：中小学幼儿教育要更加坚定地落实立德树人根本任务，培养学生的核心素养，让教育返璞归真，而不是用学不胜学的知识掌握去应对未来的时代。

3. 人的生存方式虚拟化和智能化

智能世界为人类创造了更加便捷和智慧的学习、生活方式，但也带来了两个明显的问题：一是人类的身体活动时间和空间越来越少，传统意义上的生活性劳动、生产性劳动也大幅度减少；二是人与人之间的交往大幅度减少，这对人的社会化和人的创造性发展产生了深刻的影响。智能世界切断了人与人之间的面对面交往，阻碍了人们亲身探索、亲自实践的生存与发展之路，这对人类的发展和人类教育提出了新的严峻挑战。

4. 树立身心健康第一的观念

重大校园公共卫生事件的发生让幼儿人际交往的空间被压缩，伙伴之间以及师生之间的交往关系被切断，导致许多幼儿出现心理问题。当漫长居家隔离后的幼儿回到幼儿园，要面对各种不确定性，不仅幼儿的心理适应能力会变差，甚至各种心理问题会高发频发，这对于幼儿未来的发展非常不利。因此，健康素养教育应成为幼儿园教育的核心目标之一，建立大健康教育体系势在必行。

5. 重视诚信

面对公共卫生事件带来的挑战，风雪中的千千万万的医护人员和志愿者，手中虽无利剑，却能于凛冽中劈出一片春天。他们向社会传递了他们的诚信——诚信待人，诚信处事，内心柔软而有原则，身披铠甲而有温度。

同时，社会对教育工作提出了新的要求：教育必将"去功利化"，返璞归真到人本身的发展；教育体系应进一步完善，加强社会教育体系；优化教育结构，完善教育治理。

（二）理念政策

应对重大校园公共卫生事件期间，上级教育主管部门各类文件连续不断。这些文件带来教育政策和教育理念的变化。幼儿园应随时、及时研读上级教育主管部门的相关政策要求，按照政策要求坚决做好应对重大校园公共卫生事件工作，科学应对突发事件，保障园所工作有序运转，保障师生健康与高品质的居家生活、学习。这些理念和政策包括如下内容：

（1）幼儿线下教育转为线上家庭教育指导。近年来，国家一直在大力推进"互联网+教育"的发展，在特殊时期这一号召体现得更加明显。家长和幼儿居家隔离，这对幼儿园、家长和幼儿来说是一个不小的挑战。幼儿成长的进程耽误不得，停课但幼儿的成长不能停。幼儿园在特殊时期应充分发挥其家庭教育指导功能和社区服务功能，将幼儿教育工作开展的主要场所转向"家庭"，主要工作内容包括：做好家园沟通，关注幼儿的实际需求；加强本土化幼儿教育资源的开发，提高家庭教育指导的质量；积极提供幼儿居家健康成长的家长指导课程；等等。

（2）倡导生活即教育。应对重大校园公共卫生事件，给了我们鲜活的生命教育的教材。责任与担当的教育无处不在。倡导真实的学习，让学生在真实的学习情境中，学习解决真实世界的问题，在完成真实世界任务的过程中习得知识、获得技能、丰富交往、形成品质，让学习效果能看得到，让学生感受到学习是有意义的。面对特殊时期居家隔离这个真实问题，要寻求居家生活、身体锻炼、感情传递、情绪表达等问题的解决方法，这种和现实世界的情境、环境紧密结合的学习是有意义的。在这个特殊时期的背景下，可大力开展多元化的兴趣学习。

（3）加大陪伴教育。一个人的一生要经历三种教育，即家庭教育、学校教育和社会教育。其中，家庭教育对人的影响最为深远。一个人是否成才，和家庭教育有着直接的关系。要完成"陪伴"这个"最好的教育"，起主导作用的是家长，家长要充分调动并发挥孩子的能动性，强化劳动实践。中共中央、国务院发布的《关于全面加强新时代大中小学劳动教育的意见》指出，劳动教育是中国特色社会主义教育制度的重要内容，直接决定社会主义建设者和接班人的劳动精神面貌、劳动价值取向和劳动技能水平。"培养学生的劳动意识，让学生掌握一定的劳动知识和技能，最终让学生热爱劳动，感受劳动的快乐"是劳动实践活动的指导思想。一个人的素质不仅指基础文化素养，还包括各种生存技能和人生观、世界观和价值观。只有全面地开展教育教学活动，才会让我们的孩子形成坚韧不拔、吃苦耐劳、乐观向上的精神风貌，才会形成客观看世界、主观去努力的良好品格。

（三）人才需求

在新时代发展背景下，人才是发展的第一资源，人才的竞争成为国家之间经济发展的重要影响因素。特别是当社会危机来临时，社会比平时需要更多高质量的人才。

《中国教育现代化2035》要求"全面落实立德树人根本任务""培养德智体美劳全面发展的社会主义建设者和接班人"，强调促进学生的"全面发展"，同时，强调必须突出21世纪"重点发展"的素养，即21世纪核心素养，主要包括创新能力、批判性思维、公民素养、合作与交流能力、自我发展素养、信息素养等。这些是应对21世纪全球化、信息化、知识经济挑战的关键少数"高级素养"。只有加强对中国学生这些素养的培养，才能提升其国际竞争力。当前，我国教育目标升级，强调高级素养即核心素养的培育，《中国教育现代化2035》对此也提出了明确的要求——"制定覆盖全学段、体现世界先进水平、符合不同层次和类型的教育特点的教育质量标准，明确学生发展核心素养要求"，并多次强调培养合作能力、创新精神、创新能力、创新思维等。

然而，面对重大校园公共卫生事件，生命本身凸显出比知识和能力更重要的意义。因此，那些与生命、身体和生活健康相关的知识、习惯和能力将成为个体一生的必修内容，其中还包括必要的医学知识，特别是中医知识。未来的人才培养首先需要从生活实际出发，更多地增加实际生活的知识，让个体通过教育能更好地关注自我、保护自我，提升自我生存与适应社会的能力。因此，学校教育特别是幼儿教育需要重构学校的生活教育体系，要做到这一点一方面需要教育工作者深入挖掘、整理和阐述传统文化中的生活教育内容，另一方面需要借助优秀的文化传承者来引导学校生活教育的基本方向和内容。

二、幼儿教育的挑战与机遇

2019年是我国学前教育发展与变革的一年，各项政策的出台与颁布，让越来越多的人看到了学前教育的重要性。迅速普及的线上教育成为幼儿重要的居家学习方式，它打破了地域的局限性，拓宽了幼儿教学的途径，丰富了教育教学的资源。与此同时，线上教育给幼儿园带来不小的挑战——面对纷繁复杂的教学资源，如何选择必要的、有价值的内容，如何激发家长参与的积极性，如何确保幼儿线上活动的学习效果，等等。

（一）面临教育挑战

《幼儿园教育指导纲要（试行）》指出："家庭是幼儿园重要的合作伙伴。应本着尊重、平等、合作的原则，争取家长的理解、支持和主动参与，并积极支持、帮助家长提高教育能力。"作为幼儿健康发展的两个不可或缺的环境因素，家庭和幼儿园组成了强大的共育系统。

然而，当下，家园共育实践面临着许多现实的困境和挑战。例如，部分家长和教师家园共育的观念认识不够、家园共育的实效性不强，家园共育活动趋于表面化、家长和教师的角色定位存在问题、家园共育范围有限，局限了家园共育模式的优势发挥，等等。这些问题的出现影响着家园共育的有效开展。同时，由于重大校园公共卫生事件发生，家园共育工作只能依靠网络，幼儿离开了教师的观察视线，教师成为"追风筝的人"。适宜"宅家"模式的课程资源遴选、家长亲子时光的陪伴策略、幼儿在特殊时期产生的情绪疏导等，这对于第一次完全依靠网络形式来完成家园共育工作的幼儿园来说是极大的挑战。

以广州市荔湾区协和幼儿园（以下简称协和幼儿园）为例，为探索适时有效的家园共育新模式，我们仔细地思考并分析了近年来协和幼儿园在家园共育过程中产生的问题与不足。

1. 幼儿园：已有家园共育体系不完善

家园共育体系的不完善在幼儿园方面主要体现在以下几点：

第一，缺乏计划性，随意性强。作为传统的家园共育方式之一，亲子活动往往根据幼儿园各班主题活动自由开展，开展时间因班而定，随意性极强。许多教师容易忽视前期对家园工作的系统性计划，开展亲子活动时由于多种原因（如缺乏前期精心设计、缺少相关活动监管体系的监督与保障等）使得亲子活动质量参差不齐，不利于形成有效的家园合作。

第二，缺乏互动性，沟通不平等。在家园共育的过程中，家长与教师间的沟通常常是单向的、非互动的。究其原因，一是在家园共育中，教师经常处于主体地位，而家长则往往处于被动接收信息或参与活动的位置；二是幼儿园缺少常态化的互动渠道和平台，以致家长无法及时反馈建议，也很难提前了解幼儿园需求，无法及时发挥自身作用。

第三，缺乏连续性，效果不明显。幼儿园通过不定期开展开放日、家长委员会巡视日、亲子等活动，邀请家长到幼儿园参与活动，增进家长对幼儿园及幼儿在园生活的了解。但由于这些活动之间缺乏联系性和连续性，只能产生一时的热闹场面，却并未对幼儿教育发展带来显著提升，教育效果不明显。

2. 家庭：缺乏家园共育的意识

家园共育体系的不完善在家庭方面主要体现在以下几点：

第一，关注点狭窄，家园共育的内容单一。受社会上教育功利化观念的影响，许多家长对幼儿教育的关注点集中在小学化的学习内容上，这导致了家长往往热衷于带幼儿上各种兴趣班而不愿配合幼儿园家园共育工作，家园双方在教育上无法达成一致的目标，长此以往，还会导致家园沟通的内容单一化，不利于达成家园共育的初衷。

第二，"共同体"意识薄弱，积极性不强。良好的家园合作关系应该是家园双方在地位平等的前提下互补发展。然而，许多家长容易忽视或片面认识家庭教育的重要性，认为自己没有能力教育好孩子，或者认为自己只需要配合幼儿园开展工作，过分依赖幼儿园教育，"共同体"意识薄弱，使得家园合作长期处于失衡状态。

第三，学习意识薄弱。许多家长仅仅认为促进幼儿发展是家园共育的目标，但他们却很少意识到家园共育对于其自身发展的重要性，忽视了其自身也需要不断学习，努力提升育儿水平。事实上，"教育命运共同体"下家园共育的目标应该是使各主体合作、发展、互利、共赢。显然，当前家长自身发展意识和学习意识仍十分薄弱。

3. 教师：专业发展面临的挑战

挑战一，信息化教学能力的挑战。在"互联网+教育"背景下，信息技术的运用已强势渗透到学前教育领域，学前教育领域的信息化也迎来了大变化、大发展。如何选择有效、适宜的方式和方法并确保信息技术手段下在线师幼互动的高质量，如何整合多种平台资源，提高家庭教育的精准服务和指导能力，均成为当前幼儿园教师提高信息素养所面临的挑战。

挑战二，家庭教育指导能力的挑战。线下走向线上，实际上是从"家园共育"走向"育儿指导"，也就是说，这是一种更加深入的"育儿指导"的专业能力。

"家园共育"是一种理念，是指家庭和幼儿园协同一致而形成一种合力（共育而不是各育），并共同为幼儿的健康成长施加有益的影响。因此，幼儿园有必要打破家园共育模式的教育困境，积极迎接挑战，基于幼儿心智对共育领域进行合理拓展，寻找新的共育合作路径，并合理运用现代教育辅助技术

（如信息技术、社交软件、云计算技术等），打造全新的共育模式，促进幼儿健康成长。

（二）抓住教育机遇

借助重大校园公共卫生事件这个契机，幼儿园应开始重新审视自己的教育理念、治理方式、学习内容、课程建设、学习方式等，反思不足，抓住教育机遇。

1. 幼儿园决策

（1）链接儿童：有温度的儿童立场。

幼儿园的资源与素材整合应建立在"儿童立场"上。经过"加长版"的假期，对于适应了集体、小组、区域、自主游戏的幼儿来说，其规律生活被打乱，加上幼儿对公共事件的社会感知能力偏弱，病毒这个"坏家伙"给幼儿带来了怎样的情绪体验，幼儿的理解、经验水平到了哪一层，我们不得而知。因此，在不能见面的日子里，教师需要"上线"——露露脸、发发声，和幼儿聊聊天，听听幼儿的想法，做幼儿的支持者和引导者，并借此机会了解幼儿居家的感受与心理诉求。

（2）链接家长：育儿指导比提供资源更重要。

居家隔离期间，网络媒体推介的各类亲子陪伴课程纷至沓来，陪伴幼儿"如何宅出阳光"对家长来说是一个挑战。幼儿园应该抓住机遇，帮助家长寻找合适幼儿的宅家生活方式，而不是将幼儿园的学习方式向家庭迁移。因此，此时，幼儿园向家庭提供更适合的育儿指导远比提供课程资源更重要。同时，幼儿园、家长、家长群要形成凝聚网络，致力于更新家庭文化、家庭规则与行为方式。教师要善于抛出话题、倾听与理解、对话与澄清，从而唤起家长的学习力和育儿胜任力。例如，幼儿园向家长传递视幼儿为有能力的人的育儿观，家长通过观察、模仿、操作、分享等方式参与，与孩子一起讨论、规划生活，通过开展多种多样的亲子活动让单调的日子充满创意与趣味。教育需要回归家庭、回归生活，家园共育策略应更多指导家庭、幼儿和生活进行联结，引导家长借此时光，欣赏、观察和了解自己的孩子。

2. 家园共育指引

幼儿园的家园共育指引内容多种多样，应因地制宜、因事而异。重大校园公共卫生事件的发生，不仅让幼儿的学习方式改变了，还让人们对生命和自然、民族与国家、科技与教育有了进一步的了解与看法，甚至改变了家园互动的方式。因此，幼儿园在开展家园共育指引时，可从以下几方面着手：

（1）爱国教育。

爱国是中华文化的优秀传统，也是中华民族精神的核心，还是社会主义核心价值观的重要内容。爱家乡、爱祖国是幼儿园社会教育的核心经验，是培养幼儿国家民族认同感和归属感的重要内容。归属感建立的过程，是让孩子知道"我是谁，我来自哪里，我的家、社区、家乡与祖国有什么，我在这里感到幸福和骄傲"的过程。我们很难想象，一个在家庭、班级中没有获得认可、尊重、归属感的孩子，他能够对国家、民族有多少强烈的积极情感。爱国虽然是一个抽象的概念，但是我们身边从来不乏体现爱国情感的感人事件。特别是在应对重大校园公共卫生事件的过程中，涌现了许许多多的英雄事迹，爱国主义精神得到了充分的彰显。这些都是幼儿园家园共育开展爱国教育的好题材。

（2）生命教育。

人的基础是生命，家园共育指引中应该包含生命教育，并且做好四种意识的生命教育。一是生命意识教育。幼儿要在未来成长为一个有作为的人，他首先应该有良好的生命意识。所谓生命意识，即对生命存在的意识，包括对生命常识及其生存规则的认知，它是生命个体对自己生命的自觉认识。有了这个基础，我们才能建构积极的人生观和价值观。二是忧患意识教育。"天有不测风云，人有旦夕祸福。"生命的危机随时都可能出现。除了瘟疫与自然灾害之外，人类还面临着食品、溺水、交通、运动等诸多安全隐患。所以，我们唯有教育孩子树立起生命安全意识，懂得远离危险，才能呵护孩子的生命。三是感恩意识教育。何谓"感恩"，就是一个人要知道别人对自己的好，要感谢别人、报答别人。感恩的前提是"知恩"，然后才是"图报"。感恩父母长辈，感恩国家，感恩社会，感恩医护人员，感恩那些逆行的社区工作人员、志愿者。感恩意识教育，不是简单的回报养育之恩、再造之恩的教育，感恩意识教育真正的目的在于引导幼儿培养大局意识，做一个知恩图报的人。四是生态意识教育。重大校园公共卫生事件让我们意识到生态教育的重要性。大到宇宙，小到个体，世界万物无不是以一个个相互依赖的生态链和生态圈而存在着、运动着，生态的平衡与和谐让整个世界充满祥和。大自然是幼儿最好的游戏场所、最佳的情感疗养所，能够给予幼儿各类"天然课程"。因此，幼儿园要多利用自然资源（如自然界的云、雾、水、电、花、鸟、虫、鱼等自然物品或自然现象），带领幼儿亲近自然，从而引导幼儿学会爱护自然中的生命和环境，塑造其健康的人格和生态保护意识。

（3）心理教育。

对传染病毒一知半解的幼儿，长时间"宅"在家中，和家长一起感受着隔离、消毒、限行的紧张氛围。漫长的居家时光逐渐加重了幼儿内心的不安、烦躁，成为激发幼儿心理困扰的压力源，使幼儿容易产生压抑、紧张、恐慌等负面情绪。幼儿园如何通过家园共育指引帮助家长引导幼儿主动调适心理，开展心理健康教育呢？幼儿园可将心理健康教育与幼儿园家园共育内容融合。重大校园公共卫生事件发生不是偶然，也不仅仅涉及疾病知识，更与人们对自然、对生命的态度相关。幼儿的学习与发展是一个整体，心理健康教育不应仅聚焦在传染病毒，而应抓住这一契机，与其他领域的教育内容相互渗透与整合，积极开展安全教育、生命教育、环保教育、自然探索教育等，以提升幼儿应对灾害与环境突变的信心与能力。

（4）劳动教育。

劳动教育是居家生活的重要抓手。每一个人都可以成为辛勤劳动回报社会、用微光点亮世界的人。幼儿园应引导幼儿树立正确的劳动观——尊重劳动，不论是体力劳动还是脑力劳动、不论是简单劳动还是复杂劳动，一切有益于人民和社会的劳动，都是光荣的，都应该得到承认和尊重。将来的每个孩子都可以通过自己的劳动，做一个自食其力的人，做一个对社会有用、对人民有益的人。

3. 教师专业发展

"停课不停学"给广大教师带来了巨大挑战。教师如何在短时间内提升在线教学能力？这既是教师需要迎接的挑战，也是教师专业发展的机遇。同时，教师所需要面临的问题则会变得更加多元化，因此，教师应该抓紧机会提升自我。

（1）加快提升信息技术素养将成为教师专业发展的重要内容。

当前，教育信息化的发展已经进入以应用能力建设为核心的阶段，教师信息素养是推进教育信息化的重要保证。正确认知信息技术工具在教育教学中的角色、快速学习必要的信息技术手段并能在教育教学活动中合理应用，将成为今后教师专业发展的新任务和专业素养的重要组成部分。教师的专业能力结构的构成因素将更加丰富，信息技术知识教学迁移能力、信息技术与学科整合能力、数字化交往能力、数字化教学评价能力、数字化协作能力、促进学生数字化发展的能力等将成为互联网时代教师的核心能力。教师必须敏锐地感知并努力提高其信息技术素养，主动应对这场教育变革的挑战。

（2）保持持续学习的心态。

线上教学，是全线、全员、居家的在线教学，是崭新的教育实践。在这样一种极其特殊的教学场景下，绝大部分教师的能力储备都是不够的，几乎没有一个教师可以说："我已经准备好了。"教师所面对的问题是紧急的，其急切需要被"武装"、被赋能的动机也是真切存在的，这为居家隔离期间的教师能力提升准备了绝佳的环境与氛围。当教师的学习动机回归常态，是什么督促教师走出传统教学的舒适区，从而积极开展创新教学实践呢？这就需要教师保持持续学习的积极心态，根据自己的实际问题，寻找优质资源，边学习边实践，边实践边提升。

（3）移动学习将成为教师专业发展的重要方式。

教育是一个动态发展的专业领域，其基础知识在不断地更新和扩展，教师对于教育的理念也在变化。面对快速发展的社会、日新月异的知识和个性多样的幼儿，为了与这些新的知识和理念保持同步，教师在其专业生涯的发展全过程必须成为持续不断的学习者，不断成长、不断接受新知识、提高专业能力。

同时，在新媒体时代，随着移动设备的普及，新媒体的技术手段既为人们提供了更方便、灵活、丰富、自主、高效的学习方式，也为教师通过移动学习迅速完成自主专业发展提供了可能。国家、省市、院校以及各慕课平台、学术资源平台、出版社纷纷免费开放涵盖各级各类教育的海量教学资源，为教师的线上学习和移动学习带来了新的机遇。移动学习相比其他学习方式更加灵活自主，这为教师的专业发展提供了自由的空间，大大促进了教师的自主发展。

三、家园共育，同向运转

家园共育即家长与幼儿园共同完成幼儿的教育。著名学前教育专家陈鹤琴曾说："幼儿教育是一种很复杂的事情，不是家庭一方面可以单独胜任的，也不是幼儿园一方面可以单独胜任的；必定要两个方面共同合作才能得到充分的功效。"这一席话语，告诫我们幼儿园和家庭二者必须同向、同步形成教育合力，才能有效地促进幼儿的发展。只有家园的沟通交流、支持合作、资源共享才能达到"家园共育"的目的，才能促进幼儿、家长、教师三大人群的共同成长，才能为孩子们的健康、快乐成长营造良好的教育环境。

（一）家园共育的重要性

教育是个系统工程，由幼儿园、家庭和社会三方面共同组成，三者之间互相渗透、互相联系、互相制约。幼儿的年龄特点决定了影响其发展最主要的环境是幼儿园和家庭，而家长和教师分别是这两大环境的施教者。家长虽然不是专业的教育工作者，但是对孩子身体力行的教育和耳濡目染的影响却远胜于老师。家庭教育虽然没有学校教育系统和规范，却占据了教育对象的起点，决定了孩子真善美等价值观的原始取向。而作为学校教育的一种，幼儿园教育和其他层次的学校教育一样，正规化、系统化、制度化、科学化是它的最大特点和优势所在。可以看出，家庭教育和幼儿园教育各有优势和局限，因此只有二者紧密结合，才可以使来自双方的学习经验具有一致性、连续性、互补性。

1. 促进家园深入有效沟通

家园共育模式的构建，可为幼儿园与家长搭建互动沟通平台，对家园共育模式提出更多优化和完善意见，提高家园合作综合效果。以往家园合作时，家长很少发言，主要倾听教师讲话，进而更多地了解幼儿在园的学习生活情况。若教师未能与家长开展有效沟通，不能了解幼儿家庭教育的实际情况，则无法有效推动家园共育工作开展。

学前教育是一项很全面、很烦琐的工程，它的成功与否影响孩子的未来。在新家园共育教育理念指导下，园方需主动转变以往旧观念，对家园合作方式进行改革，打破传统家长会等单一呆板的共育形式，提供平等对话的平台，鼓励家长分享自己的育儿想法与措施，促进家园有效沟通。随着家园合作氛围的变化，不仅家长与教师可进行有效沟通交流，家长之间也可以针对幼儿的教育问题相互分享、互动，这样的家园共育能很好地整合育儿经验，提高家园共育工作开展的适用性。孩子的健康成长离不开他们身边每一位与其关系密切的人的关爱。实践证明，一个充分受到成人有理智的爱的孩子，总是充满自信、朝气蓬勃、积极向上的；反之，被成人厌弃的孩子则常常自暴自弃，形成自卑、逆反的心理。家园之间应共同创造友爱的氛围，促进家园共育。

2. 保障家庭教育份额

通过对以往家园共育模式的分析可知，在学前教育中，家庭教育的份额明显缺失，很多家长忙于工作，开展家庭幼儿教育的时间非常有限，有的甚至完全假手于长辈或者其他人，幼儿教育的工作主要由幼儿园完成。而实际上，部分教师的教育理念存在偏差，错误地认为家长不具备专业教育知识，因此幼儿教育工作应当主要由幼儿园负责。在多种因素的影响下，幼儿家庭教育的份额大大减少，弱化了幼儿家庭教育的重要性，这对于幼儿的身心健康成长非常不利。

开展家园共育工作时，家长与幼儿园的教育份额应当处于均衡状态，两者教育份额的失衡，会对幼儿教育工作造成很大影响。因此，为避免该类教育问题的出现，幼儿园应当对以往的家园合作方式进行优化完善，通过家园共育工作的创新，对家庭教育与幼儿园教育进行重新定位，纠正部分教师与家长错误的幼儿教育思想，保证家长与幼儿园育儿思想一致，合理增加家庭教育份额，逐渐平衡家庭教育与幼儿园教育的关系，提高家长对家庭教育的重视程度，提升家长育儿思维的高度，推动幼儿家园共育模式的可持续开展。

3. 促进幼儿、家长、教师的共同成长

新时期的家园共育既是一种现代教育观，也是一种教育措施。

幼儿阶段是人生的奠基阶段，只有家庭和幼儿园二者相互协调、紧密配合，保持基本一致的教育目标和要求，才能为孩子地未来搭建一座彩虹之桥。家园携手结成良好的合作共同体，能让幼儿更好的整合幼儿园和家庭两种场所所获得的学习经验，从小习得参与社会生活的积极态度、良好的行为习惯和本领。同时，家园合作共育为教师和家长提供了一个交流和经验共享的机会，家长通过学习先进的教育观念、育儿技能和教育经验获得成长和提升；教师从家长那里获取更多关于幼儿的有效信息，可以有针对性地做好教育工作，并努力使自己成长为实干型、研究型、发展型的综合人才。

（二）幼儿、教师、家长合力

在家园共育中，幼儿、教师、家长的地位既是平等的，又是有区别的。在新型的家园共育模式中，家长参与家园共育课程建设，逐渐成为家园共育的主体之一，只有这样，家园共育才能做到目标一致、任务明确、行动统一，有效性高，形成合力。

1. 构建教育共同体，建立家园共同愿景

幼儿教育是一项需要专业知识的"技术活"，家庭是孩子生活时间最长的场所，家长非常有必要了解和具备正确的育儿知识和技巧。为此，构建家园共育实践共同体很有必要。一是为家长和教师建立家园共同愿景，提高双方对"家园共育"的概念认知，树立共育观念和意识。二是要构建家园共育实践共同体，完善家园共育管理模式，包括：深入推进家长委员会建设，让家长委员会深度参与幼儿园管理，强化园务管理的家园共育方式，从规范化管理着手，建章立制，推动家园共育工作向更高层次发展；创新打造家长校务委员会，建立家长校务委员会暨家长学校；等等。

2. 拓展共育领域，充分发挥资源整合优势

现代教育理念对幼儿教育工作提出了新要求，为提升幼儿教育工作水平，应当对家园共育领域进行合理拓展，充分发挥出家庭教育与幼儿园教育资源整合的优势，从多个方面启蒙幼儿心智，为幼儿今后的学习成长打下基础。在拓展家园共育领域时，必须遵循幼儿心智认知基本规律，不能突破幼儿的思维认知范畴。幼儿园与家长可以对多个领域进行拓展，如户外亲子游戏、家庭生活小短剧、幼儿当家情景剧、本土幼儿游戏活动、益智类玩具比赛等。

此外，基于特殊时期现实，围绕幼儿身心和思维智力，幼儿园与家庭可构建丰富多样的教育方式，通过不同方式的教育启蒙，在确保幼儿身心健康的前提下，开启幼儿思维想象力，培养幼儿基本的生活行为与能力。一方面，建立合理的家长参与活动制度，形成约定俗成的习惯，使得家长在参与前能够了解为什么这样做、应该怎么做，让家长的参与逐渐成为一种习惯。例如，开展系列"宅家"亲子活动指导。居家隔离结束后，幼儿园还可以开展书香家长进校园、家长志愿者活动等丰富多彩的家园共育活动，并力求做到"一周一主题、一月一活动"，激发家长参与幼儿园活动的热情和信心。另一方面，幼儿园应对家长进行适宜的参与指导，有效提高家长参与的水平和技能。例如，在开展小班新生家长培训、体验式家长会时，密切观察活动中家长的参与态度与方法，用示范性的语言和行为引导家长参与共育，让家长在互动中掌握现代家庭教育的知识和方法，加强家园共育工作的计划性，扎实推进家园共育工作向内涵式发展。

3. 创新共育形式

高效的家园共育模式需要家长与幼儿园进行长期的沟通与维护。基于新课标教育改革思想，不断对家园共育形式进行创新，构建新时期家园共育合作新模式，深入挖掘出家园共育教育的潜在价值，促进家长与幼儿园的全方面深度合作，提高幼儿园教育工作水平。

在现代互联网信息技术的高速发展背景下，家园共育形式的创新不能原地踏步，应当合理应用现代科技，打造全新的家园共育形式。在幼儿园，除了建立家长委员会、家长校务委员会以及形式多样的家园共育活动外，运用现代信息技术为家园搭建知识共享、交流平台也很重要。因为信息技术可以使家园的交流、沟通突破时空的限制而无限延伸，它还可以使教师和家长以及幼儿园创新出来的知识、经验、各种精彩的家园成功案例得以固化、长期储存，使教师和家长随时可以调取、借鉴。例如，幼儿园美篇：把每次的家园共育活动以及幼儿园的各种精彩活动、教育思想、政策等通过美篇的形式展示出来，有图有字、生动有趣，直观、通俗易接受。再如，家园交流互动平台：家园即时交流的平台，如QQ、微博、微信、腾讯视频等。我们通过这些方式进行育儿知识共享和交流互动，使育儿知识和行为更趋于结构化和正确化。又如，育儿专业知识库：汇集科学育儿的各种知识以及幼儿园课程领域的相关案例等。

参考文献：

中华人民共和国教育部.幼儿园教育指导纲要（试行）［M］.北京：北京师范大学出版社，2001.

第四节 "看不见"的教师

教师是一份职业，是一份坚持，也是一份守候。三尺讲台是教师的舞台，台上一分钟，台下十年功。看得见的台前，看不见的幕后，都需要教师深厚的积累和不懈的努力。

"师生观"是指教育界对教师与学生的地位以及师生间关系的看法或观点，它是影响教育活动的一个重要观念，也是影响学生学习与发展的一个重要观念。在不同的"师生观"下会产生不同的师生互动样态，进而形成学生不同的学习与发展水平。在某种意义上，可以说业已形成的幼儿学习与发展的新样态在倒逼着教师"师生观"的改变。教师只有顺应时代的变迁，调整好自身的角色，既不越位也不缺位，而是精准到位，才能更好地促进幼儿的学习与发展，幼儿的学习与发展才能洋溢出生命活力与勃勃生机。

一、尝试转变

教师角色在历史上有着不同的定位。在我国古代，教师往往被视为学问上的授业者和解惑者，被视为社会代言人和"传道者"。近代以来，人类开启了轰轰烈烈的工业革命。于是，教师从中获得了独立的职业身份，开始专门承担具体的学科教学工作。随着教育的规模化和标准化，教师专业发展出现了工具化倾向。这在大规模在线教育中有所体现。未来，人工智能、大数据等新技术加快普及应用，教育将会迎来"人机共教"的新格局，教师角色面临新的机遇和挑战。

教师角色转变的核心内容是定位，不变的是教师的职业身份。在教育活动场域之中，教师与幼儿虽然在人格上是平等的、在真理面前是平等的，但是平等并不意味着对等。幼儿与教师的角色不同，使命也就不同。教师主要扮演着"教育者"的角色，其重要的使命是引领、促进幼儿发展，使幼儿朝着社会要求的方向发展；而幼儿则主要扮演着"受教育者"的角色，也是教育的对象，其重要的使命是在教师的引领下实现德智体美劳等方面的全面和谐发展。面对重大校园公共卫生事件，作为教师——"人类灵魂的工程师"，他们虽然不能像"白衣天使"那样冲锋陷阵，但更好地承载起传播知识、传播思想、塑造灵魂、塑造生命等时代重任，读懂时代发展趋势、找准角色定位，尝试转变，不固守教师传统角色定位，不排斥日新月异的新媒体教学技术，具备更高、更全面的专业素养，体现责任担当是每一名教师面临的重要而紧迫的任务。教师要成为学习指导者、价值引领者、情境营造者、资源整合者。

（一）学习引导者

长期以来，我国的幼儿教育深受苏联凯洛夫教育理论的影响，很多教师的自我角色定位是"以教师为中心"的，因此造就了很多"教书匠"。这些教师以强化幼儿的抽象记忆为己任，喜欢庄严肃穆地为幼儿讲授拼音汉字、唐诗宋词、加减乘除等小学化知识内容；关注的焦点是"教书"而不是"育人"；喜欢固定的程序而不是课堂的"境遇"；习惯于向幼儿灌输知识，而不是培养幼儿的自主探究能力；习惯于按照既定的流程照本宣科、生搬硬套，即使在教育活动中出现了更好的教育契机，也不愿意改变预设的计划安排；等等。

3～6岁的幼儿是幼儿园教育的对象，他们个性活泼、好动，喜欢探究周围的世界，因此，真正适合他们的教育应当是以游戏为载体的，而不是单向地向他们传授书面知识。特别是在今天，"教书匠"不再适合在幼儿园里从事教育活动，"以教师为中心"的"教书匠"的教育方式单调空洞、乏味，违背幼儿身心发展的基本规律，容易将幼儿禁锢在教师的教育框中，束缚其思想、限制其创造、忽略其需求、封闭其心灵。

随着学前教育改革的不断深入，教师观念逐渐转变为"以幼儿为中心"。在"以幼儿为中心"的教育模式下，教育活动充满了创造性，具有很大的不确定性；教育的价值不再是识记固定的、规定的知识，而在于探索非预期的、动态的知识。教师的角色需要相应地转变为学习引导者。

教师要成为学习引导者，就需要重构教学系统。在线上教育中，教师和幼儿实际上处于一种"准分离"的状态，这时候，幼儿成为独立的学习主体，而主体的自主依赖于学习的自主，学习的自主依赖于学习系统（模式）的独立。因此，教师要成为幼儿的学习引导者，就需要把教和学分解为两个系统，让幼儿的学习系统（模式）独立出来，让教的系统成为一个辅助支持服务系统。幼儿学的系统自主并不是一种分裂，而是"学"与"教"的系统相互开放，进行信息交换和反馈，"重建的教学系统是一个包含教和学两个子系统的父系统"。

教师要成为幼儿的学习引导者，还应在关注每个幼儿的个性特点的基础上注重幼儿元认知策略培养，让幼儿在家长的辅助下获得自主发展。这就要求教师不仅会向幼儿生动地讲解知识，而且能够设计幼儿探究场景，引导幼儿发现问题、解决问题，让幼儿学会自主探究。在这个过程中，"学习引导者"的角色要求教师必须从"教书匠"成长为"研究者"，学会探究教育、探究知识、探究儿童，教育活动也会由"预设"走向"创生"，焕发出幼儿教育应有的生机与活力。

（二）价值引领者

从孔子的"循循善诱""诲人不倦"，到韩愈的"传道受业解惑"，再到当下的"四有"好老师，对师道的理解、对教师社会身份的认知在随着时代发生变迁。无论是高校教师还是中小学、幼儿园教师，他们的影响力越来越不局限于校园，他们已经成为影响地方经济社会发展的一支重要力量。在这个价值观越来越趋于多元的时代，这些优秀的教师带给我们一股清新之风——有为师之范，自觉加强师德修养，做良好社会风尚的推动者；成为更有力量者，走出校园，影响更多的人，作为优秀知识分子的代表，推动经济发展、文化进步，成为支撑社会向前迈进的主流价值和蓬勃力量。教师不仅仅是"教书先生"，还应该成为社会正向价值的引领者。教育所追求的本质目标包括人的个性充分发展，这个价值立场和目标取向本身就充满人文精神。"儿童欢迎的是那种愿意与他们平视但又随时能够站起来、展示成人强大力量和儿童世界丰富内容的那种教师。"在居家隔离期间，教师应在教育中注入人文精神，对幼儿的表现给予热情的鼓励和细致的评价，让幼儿感到温暖，激发幼儿的学习热情和动力。同时，教师可以将重大校园公共卫生事件中涌现的先进人物、典型事迹作为教学案例融入教学，在讲好中国故事中增强幼儿的家国情感。

（三）情景营造者

在重大校园公共卫生事件背景下实施的教育中，教师应在充分了解幼儿的基础上，注重幼儿交互式学习情境的营造，采取有效的举措，提高幼儿的专注力，调节幼儿的身心状况，使幼儿的身心得到充分的舒展，回归到自然的状态。

幼儿在不同的学习情境中会采取不同的学习方式。居家隔离限制了幼儿外出活动的机会，这必然会对他们的心理造成影响，有些幼儿甚至会出现焦虑、注意力不集中及与家长冲突增多等问题。增加户外活动的设计在增强幼儿体能的同时，能达到调节幼儿心理的效果。这时，教师需要作为情境营造者，通过音乐、美术、讲故事等多样化的形式和手段，营造适当的情境，吸引幼儿的兴趣和参与积极性，缓解幼儿的心理压力，促进幼儿的心理健康。当然，针对特定幼儿的交流和沟通也非常重要，教师需要营造适当的情境，引导家长在与幼儿的心理沟通中把握幼儿的需求，采取积极有效的举措，让幼儿热情主动地投入生活和学习中。对因家庭特殊事件或特殊环境已经产生心理问题的幼儿，除了教师给予关心和爱护外，还应寻求心理健康方面的专业人员的帮助。

（四）资源整合者

语言、对话和主体间关系都表明个体学习是社会现象，是与"集体的实践关系"。互联网技术的进步，尤其是移动互联网的发展，让人们的学习、社交都可以随时随地进行，组建网络社群变得异常容易，也带来泛在式的碎片化学习。正所谓"一个人走得快，但大家一起走却能走得更远"，学习社群具有强大的聚合效应和互动性，社群学习实现的不仅是学习者数量的变化、学习空间的移动性，还实现了个人成长到群体发展的跨越。在居家隔离期间幼儿教育实施中，教师所熟悉的班级经营虚拟化了，这就需要教师善于建设学习社群，统整教师、家长、社区资源，让在线教育成为开放的互动对话，吸引幼儿、家长、教师主动参与正式和非正式的学习交流活动，实时共享，交互学习，形成开放、生动的互惠式社群学习氛围。

二、积极应对

应对重大校园公共卫生事件，家园联动是促进幼儿健康和谐发展的有效手段。幼儿园要本着尊重、平等、合作的态度，与家长一起积极应对，共同承担教育幼儿的任务，在家园共育中为幼儿创建一个良好的学习与成长环境。

（一）设计好线上学习的形态

教师在设计课堂形态时应注意以下几点。

1. 重构基于幼儿发展规律的育人方式

建议教师减少知识简单再现式的互动，应布置"长作业"和基于问题解决的主题学习，特别是结合当下情况，组织家长、幼儿利用主题活动互动自主学习的方式，关心社会热点、关注科学技术等，培养幼儿的科学精神、公民意识和家国情怀。

2. 考虑"领域"或者"模块"式实施课程统整

教师可以通过整体的排课和时序整合，在承接前面阶段教育主题内容的基础上，开展面向幼儿和家长的调研，拓展线上互动平台，与家长共建以幼儿生命为中心的课程体系，并把春季学期适合以"长作业"为主的生活能力、行为养成、品格修炼等包含爱国教育、生命教育、健康教育、劳动教育的主题教育活动放在居家隔离期间开展。

3. 重视挖掘居家生活中的真实情境类教育资源

家庭情境既是挑战也是资源，过去校内教育很难模拟到位的生活情境资源在家庭中普遍存在。广大教师应利用居家生活契机，指导幼儿在线下真实参与家务劳动、每天锻炼身体等，从而帮助幼儿养成良好的习惯。

（二）关注幼儿学习的状态

居家教育的课堂最大的变化是幼儿置身于家庭场域。这种生活场域本身对幼儿的"具身学习体验"就与真实课堂不一样。因此，教师应该做到以下几点。

1. 关注家庭场域中的幼儿特殊认知心理状态

从幼儿认知心理视角来看，家庭场域意味着更多的松弛而不是专注。短时间内要求"客厅变课堂"既不现实也不合理。所以，居家教育学习任务的设计和对学习效果的期待，需要建立在对幼儿认知心理充分把握的基础上。

2. 关注幼儿朋辈交往资源缺失的心理状态

幼儿在线下的学校教育情境中，可以通过感知同伴等方式迅速获得各种资源（如良性竞争、间接强化、同伴支持、规则纪律、活动氛围等），这些非智力要素对幼儿的学习有着不可低估的重要支持作用，也是在家庭情境中难以获得的资源。教师可以依托学习社群建设，增加让幼儿交流互动等非正式学习的机会。

3. 关注幼儿自主发展的状态

由于缺乏教师和班级同伴的"监督"，加上幼儿群体的自主学习能力尚未充分发展（如积极的学习动机驱动、时间管理策略、认知策略等），幼儿的居家自主发展可能会受到影响。教师应当有意识地在教育活动中培养幼儿的自主学习能力。

（三）引导好家长教育的心态

家长以怎样的方式参与和支持幼儿（的）教育，是影响学前教育成效的重要因素之一。客观上讲，居家教育方式给家长增加了负担。过去，家长对幼儿的教育是以生活起居为主，兼带家校合作下的课业关注，现在却成为某种意义上的孩子教育的"首席"。

教师应引导家长的教育观念，使家长适度减少对传统课业的关注，增加对幼儿健康身心、良好习惯、生活技能的关注和培养。

教师应多在家长群体中宣传培养幼儿综合素养的典型。通过对真正有价值的亲子关系、家庭教育范例的解读，引导家长养成健康平和的心态。

教师应减少家长参与互动打卡的作业等任务。不少家长经常因需要参与互动打卡而焦虑，既怕看护幼儿的老人掌握不了手机、电脑等信息化互动技术工具，也怕幼儿迷恋玩手机、电脑。

教师应鼓励家长提出"宅家"育儿困惑：如何有效控制幼儿看动画片的时

间；居家隔离期间怎样维持良好习惯；如何缓解幼儿心理焦虑；等等。教师可以提供"宅家"育儿经验，鼓励家长共享育儿经验，还可以借助信息化交流平台进行"在线点评"活动，让家长、幼儿共同参与，然后由教师进行数据统计分析，为家长和幼儿呈现数据评价，使家长和幼儿对自身优缺点有一个客观的认识，从而调整教育计划。这样，既可以提高家园共育的效果，又可以使幼儿在居家期间的行为习惯、道德品质得到培养。

（四）研究好线上教育的势态

在当今"互联网+"时代背景下，新型互联网信息技术已经开始在家园共育方面得以应用。如何加强幼儿教育创新研究，将"互联网+"思维融入幼儿教育，提出相应的策略，适应当前学前教育的发展需要是学界需要研究的新问题。由此，一直作为教育现代化愿景被屡屡提及的"在线教育""个别化学习""个性化发展"等场景，在这重大校园公共卫生事件发生后，以一种猝不及防的方式将教师、幼儿全体"卷入"。幼儿园、教师唯有不断地完善自身结构和素养，才能在未来形态的教育中有安身立命的基石。

必须承认，这场全疆域全学段性的"在线教育"大规模实验性实践，没有可以参照的范本和依赖的路径，教师在应急中应以乐观而审慎的态度和快速迭代的行动研究方式，边实践边总结。对有志于专业精进的教师来说，这是难得的反思性实践的机遇。学校应当组织教师投入力量，采取下沉式、伴随式、行动式研究方式，及时关注在线教育实践中出现的新问题、新挑战，总结在线教育实践的新策略、新经验，为迈进未来教育探索个别化学习的新路径、新范式。

幼儿园教研室等业务部门可以设计好针对在线教育实践的数据调研采集框架，组织教师利用难得的真实的大规模"在线教育"实验性实践契机，采取前测、中测、后测等方式获取一手资料，撰写反思性研究材料。居家隔离结束后，这场实验性实践的研究材料，无论是经验还是教训，对于在制定教育改革规划时研判势态、施行科学决策、采取有效举措以及对于我国向世界贡献中国特色的面向未来的教育解决方案，都是非常有价值的。

参考文献：

［1］王小英."师生观"视域下幼儿学习与发展的审思：兼谈"战疫情"背景下幼儿学习与发展呈现的新趋势［J］.学前教育研究，2020（6）：15-20.

［2］蒲智勇.重大疫情背景下教师教育理念的再审视［J］.教师教育学报，2020，7（4）：74-78.

［3］刘晓东.论儿童本位［J］.教育研究与实验，2010（5）：25-28.

第二章

"和乐·苗坊"的萌芽期

　　家庭是人生的第一所学校，父母是孩子的第一任教师。一个优秀的孩子，离不开教师和家长的合力托举。幼儿园和家庭必须同步形成教育合力，才能有效地促进幼儿的发展。从国家发展、社会发展的角度来看，家庭教育不仅关乎儿童的健康发展，也关乎家庭的幸福和睦和社会进步。"让每一个生命都出彩"是协和幼儿园的教育目标，也是每一位协和教师的信仰。生命教育一直是协和幼儿园联合家长共同开展的一项重点工作。在重大校园公共卫生事件发生的期间，作为广州市家庭教育基地的幼儿园代表，协和幼儿园的园长、教师不断思考生命教育的真谛，不断探寻家园合作的形式，通过对幼儿、家长、教师进行调研，反复研讨，形成了"和乐·苗坊"家庭教育课程。"和乐·苗坊"家庭教育课程通过家校联动不断探索生命教育的构建，并通过生命教育这一基点，与家长共同关注幼儿的身心健康，引导幼儿认识生命的价值、尊重生命、热爱生命，促进幼儿德智体美劳的全面发展，真正提升幼儿生命质量的完整性、出彩性。

第一节　我们是这样开始的

　　为更好地落实国家"停课不停学"的精神与要求，协和幼儿园树立科学的保育观，群策群力，各司其职，坚定家园共育的方向，齐心协力勇毅前行。课程研发组定期开展共育课堂，及时解答家长在宅家育儿过程中的困惑，定期推送家庭教育指南，与家长沟通教育内容、方式，在帮助教师及时回应家长个性化的育儿指导需求的同时，针对学生、家长、教师进行调研分析，结合"和而不同，乐学乐创"的发展愿景，拓展线上互动平台，与家长共建以幼儿生命为中心，涵盖生活、自然、社会三维度的"和乐"课程，最终构建出包含生命教育、劳动教育、健康教育、爱国教育四大生命教育板块的"和乐·苗坊"家庭教育课程。

一、始于居家下的思考

　　居家隔离期间，在云端、不见面、不讲新课新的教学形式下，教什么、怎么教、效果如何等难题摆在了每一位教师面前。如何组织、如何引领、如何化"危"为"机"等难题摆在了每一所学校面前。协和幼儿园、家庭、教师在教育的新挑战中积极调整心态，强化对特殊时期幼儿教育方式的思考，为幼儿的健康成长迸发创新思维，形成教育合力，探索家园共育新模式。

（一）从命运共同体到教育命运共同体

　　"谁都不是一座岛屿。"在全球化发展日益加深的时代背景下，为适应当今时代发展要求，习近平总书记提出："构建以合作共赢为核心的新型国际关系，打造人类命运共同体。""共同体"意味着主体之间存在紧密的利益关系，各方同为一个目标努力奋斗。随着人类命运共同体这一科学构想的不断实践，这一概念被广泛应用到除政治以外的其他领域。在此过程中，人类"共同体"的意识正在不断养成与发展。

事实上，强调发展、互利、合作、共赢的人类命运共同体与我们追求的民主、平等、包容、沟通、和谐共生思想的教育有着异曲同工之处，而作为人类社会重要的实践行为，教育在构建人类命运共同体的过程中发挥着极为重要的作用。在全民学习、终身学习成为必然趋势的当下，构建"教育命运共同体"已被提上教育改革的日程。从人类命运共同体到教育命运共同体，教育不再靠学校或家庭或社会的一己之力，而是集三者甚至更多因素的合力共同推动发展，而这种合力的产生离不开各主体协调一致，通过构建各种支撑条件，朝着共同的目标一齐前进。

作为广州市学校家庭教育实践基地、荔湾区家庭教育学院实验基地，协和幼儿园此前已经通过多渠道丰富了家园共育的教育实践活动——通过系列专题讲座与家长形成"和"的共识，通过亲子实践活动帮助幼儿与家长获得"乐"的体验，逐渐形成一套较为完成的家园共育模式。基于新时代下"教育命运共同体"的时代背景和居家隔离特殊时期，我们再次思考：如何推进家园关系更近一步，针对当前学前教育形成具有生命力的、有园本特色的家园共育新模式，将"和乐"教育辐射到更广泛的地方？因此，我们在回顾并传承协和幼儿园发展历史的基础上，积极整合各方资源，发挥云端沟通的优势，决定探索具有"和乐"品牌特色的家园共育新模式，让家长参与到幼儿园家园共育课程的建设与发展中，成为幼儿园的"和"伙人，形成更为紧密的家园关系——"教育共同体"。

（二）构建家园共育新模式，共结教育"和"伙人

针对家园共育中存在的问题，结合幼儿园多年家园合作的经验，基于对居家隔离期间线上指引活动的思考，协和幼儿园进一步深化家庭教育课程，与家长携手共建"和乐·苗坊"家庭教育课程。不同于以往的家庭教育模式，"和乐·苗坊"通过"四生"优化家园共育，以"三同"新路径形成独具特色的家园共育新模式。

1."和乐·苗坊"之"和"构想

（1）生活：共建"和"课程。

幼儿有成长、认识、了解周围事物的愿望。因此，在构建课程时，我们必须考虑到课程内容与活动主题的生活性。因此，"和乐·苗坊"课程在构想之初就充分考虑了取材于幼儿的生活，是源于幼儿一定的生活经验和认知的，涵盖幼儿的生命健康、劳动教育、心理健康、爱国主义教育四大板块的内容，让幼儿看得见、摸得着。而从生活中来的课程，最终也将去往幼儿的生活中。由于活动内容具有生活性，家长能够充分利用身边的材料、时事热点等帮助幼儿深化认识，有效提高活动效果。家长通过活动分享与反馈，丰富课程内容，同时，突出自身在课程实施中的积极作用。

（2）生成：达成"和"关系。

"和乐·苗坊"的生成性不仅体现在主题内容的选定是动态生成的，还突出表现在不同主题下家长可发挥的作用是生成的。一方面，幼儿园希望利用微信公众号、班级美篇等途径积极与家长进行互动，家长在展示幼儿成果的同时，随时可以通过微信群、留言板等途径对课程内容进行反馈，以便幼儿园及时调整课程内容。另一方面，幼儿园希望通过搭建的平台，鼓励家长主动报名、积极发挥所长，自选主题或自备主题，与其他家庭分享育儿心得与经验，充分发挥家园共育、家家共育的作用。总之，幼儿园希望通过多渠道的家园合作途径，使家园双方逐渐达成"和"关系，共同推动共同体内各方的发展。

（3）生长：家园推动"和"成长。

家长和幼儿园都是教育共同体中的重要成员，都应在"和乐·苗坊"中获得成长：幼儿园通过提高站位，始终坚持从幼儿的生活中挖掘教育的新思路，突破家园共育原有的构想，推进课程与家园共育模式深入发展；家长通过转变思想，逐渐明晰自己在教育中的地位与作用，在教师的鼓励与支持下，勇于挑战自我，从家长的角色转向主动的课程构建者、经验分享者，更加主动地参与家园共育。

（4）共生：共结"和"联盟。

家园共育新模式的每一步都离不开家园双方的支持与推动。幼儿园希望通过积极推动"启动—指引—反馈"的实施步骤,激发幼儿和家长参与的积极性并给予家长专业教育指导,同时,及时记录和反思家园共育成果。只有这样,家园才能形成真正的"共生关系",并在共生关系中和乐共长,结合关系紧密的教育"和"伙人。

2."和乐·苗坊"之"三同"建设

从《礼记·礼运》中提到的"天下为公"的大同社会,到如今构建"教育命运共同体"、家园双方协同合作、同为一个目标而努力奋斗,"共同体"意识早已深深扎在中国人的民族理想中。"同"意为协同、合作,是共生共长共赢、相互融合、成就彼此。在探索"和乐·苗坊"家园共育新模式的过程中,协和幼儿园积极探索"三同"建设。

(1)前行同目标。

近年来,国家陆续出台了《关于学前教育深化改革规范发展的若干意见》《关于实施中华优秀传统文化传承发展工程的意见》等一系列文件,国家对学前教育提出了更高的发展要求。因此,协和幼儿园需要在已有的基础上和新时代发展的要求下确立宗旨,找准方向。协和幼儿园多次组织开展家长委员会,与家长携手共商,确定将"和而不同,乐学乐创"确立为办园宗旨,依托环境、管理、团队、课程等载体,实现了教师、幼儿、家长"和乐"的共长。

大自然中没有两片一模一样的叶子,每一个幼儿都是一个独特的个体,最好的教育是最适切的教育,最好的生长是各美其美的生长。协和幼儿园与家长共同关注每一个幼儿,期望通过紧密的家园合作,达成"让每一个生命出彩"的教育目标。家园在共同的教育宗旨和目标的引领下,形成"和"共识。

(2)发展同建设。

① 密切沟通,了解需求。

针对幼儿园教育的"和"伙人——家长群体,协和幼儿园需要及时了解家长的需求。在居家隔离期间,协和幼儿园扎实开展线上前期调研,并希望通过问卷切实了解家长亲子教育的情况和需求的数据。根据数据调查的实际情况,协和幼儿园可以针对性地开展进一步的教育主题活动。

② 群策群力，平等互助。

家长参与到"和乐·苗坊"家庭共育课程的决策过程中，有利于提高家庭的配合度，进而提升幼儿的学习积极性、教师的教学热情，增强家园共同的教育责任感和自豪感。作为广州市家庭教育基地之一，协和幼儿园早在2016年就开始注重家长学校的建设。在长期的培训积累下，协和幼儿园家长群体具备了良好的学习能力、课程决策与实施能力，并且有参与课程建设的意愿。让家长有目的、有组织、有纪律地参与到幼儿园课程建设中来，促进课程内容多样化，能够保证家园共育课程更加科学、全面，有效激发家长的主人翁精神。

③ 创新实施方式，形成教育常态。

根据《幼儿园教育指导纲要（试行）》的精神，协和幼儿园遵循"以幼儿发展为本"的基本教育理念，积极转变幼儿学习方式和教师教学方式，构建"在实践中发展，在发展中创新，在创新中完善"的课程管理模式，探索幼儿园个性化、园本化相结合的幼儿教育模式，为协和幼儿园园本课程注入新思想、开创新局面、明确新方向，为协和幼儿园课程实施提供依据和指导。

协和幼儿园借助家园联动进行幼儿园家园共育课程实施模式的创新，使这个课程既可以满足幼儿的发展需求，在停课期间使幼儿在"停课不停学"的居家生活中得到全面发展，提高家园共育的教育质量，又可以实现教育理念的创新与发展。为此，"和乐·苗坊"家园共育课程遵循简单、满足、便于操作等原则：简单，就是小任务简单，能够带给幼儿有趣的活动体验；满足，就是完成小任务后带给幼儿既有好奇心与情感上的满足，又有知识技能上的满足；便于操作，利用就是家庭中易见的材料或活动场景，容易让家长指导幼儿操作。

④ 丰富资源，推进家园共育。

居家隔离期间，高质量的亲子陪伴和教育尤为重要，在了解全园家长亲子教育的实际情况和需求之后，针对居家隔离期间家庭教育中出现的问题和矛盾，协和幼儿园需要对此采取有效措施，深入挖掘更为丰富的家长培训资源，搭建家园互联互通、互学互长的桥梁，共同探讨家庭教育中遇到的困惑，引导家长与幼儿，使家庭回归和谐的关系，塑造家庭教育新样态，形成家园共育新样态。

（3）成果同分享。

在家园共育推进过程中，协和幼儿园通过多途径记录与宣传，形成区域辐射影响，塑造家园共育品牌。例如，协和幼儿园通过微信公众号推送相关课程实施的过程性记录资料，展示协和幼儿园家园共育的不同瞬间，再进一步推送相关活动指引、深化相关的指导等。同时，各班教师制作相关记录照片、视频和音频与家长分享幼儿在课程实施中的成长。通过这些成果的展示，协和幼儿园的课程得以不断调整和优化。

二、在实践中探索

良好有效的保育工作是幼儿健康成长的保障。面对重大校园公共卫生事件，幼儿园的保育工作面临多重挑战，例如，如何化解特殊时期遇到的新问题，科学、规范、合理、有效地保障幼儿的健康成长是幼儿园工作的首要任务，如何调节幼儿的心理状况，减少或者避免幼儿出现焦虑、烦躁、缺乏耐心等不适应症状和心理问题；如何让居家隔离中的幼儿尽可能多地开展多样化的活动，将幼儿保育工作做到实处；如何具体指导家长进行保育工作；等等。这些成为摆在幼儿园和教师面前的难题。为此，协和幼儿园积极展开了一系列探索工作。

（一）树立科学保育观，群策群力各司其职

为贯彻落实党中央、国务院和省、市、区政府部门对重大校园公共卫生事件工作会议部署要求，协和幼儿园园长以身作则，带领行政班子积极行动起来，主动取消春节休假，迅速组建协和幼儿园安全办公室，认真学习贯彻落实上级重要指示精神，高度重视，密切关注，快速反应，强化措施，加大宣传教育力度，严格做好居家隔离期间幼儿卫生安全工作部署，将工作责任到人，将日常工作任务落实、落细，群策群力，奋战在幼儿园第一线。

协和幼儿园内各个班级的教师也没有停止工作，他们心里挂念着孩子们，利用微信、电话、短信等通信渠道，收集排查幼儿的情况，主动、及时、准确地向家长公布最新公共卫生事件进展信息，开展多种形式的传染病毒预防宣传，教育引导孩子、家长养成健康生活方式。

同时，为确保师生的生命安全，协和幼儿园积极响应"停课不停学"的号召，积极做好延迟开学准备。幼儿园由于其特殊性，不适合开展"线上教学"。于是，协和幼儿园园长带领教学部门制定出了涵盖生活习惯、亲子阅读、体育锻炼三大方面的家庭教育指引，为特殊时期的家庭教育提供指导。同时，园长领导教学部门讨论制定了《幼儿宅家生活作息安排指引》，一天的作息安排井然有序，从亲子体操、亲子体游、亲子游戏到亲子共赏，呈现四大块视频和内容，还附上了给家长的贴心教育指导建议，详细适用。

为给幼儿做好这份营养美味的"居家套餐"，园长和教师不断地通过网络和电话进行讨论、反复推敲和修改活动设计，希望在宅家时期提升幼儿自主学习的能力。

在协和幼儿园园长的统筹规划和指导下，协和幼儿园的教师从规律生活、科学防病毒、服务自我，热爱劳动以及幼儿家庭作息时间表几个方面给家长支招，如正确的洗手方法、抵抗病毒的方法、宅家活动等，让幼儿"宅"在家也能养成良好的卫生习惯。书籍是幼儿最珍贵的宝藏，于是，协和幼儿园的教师积极向家长分享了很多实用的亲子阅读小技巧，推荐关于预防病毒的有趣绘本，指导家长在这个特别的时期，通过绘本给幼儿开展生命健康教育。同时，协和幼儿园的教师分享了免费的阅读资源，引导家长以书为媒、以爱为伴，与幼儿一同遨游在书籍的海洋里，收获知识、陪伴和快乐。宅家的幼儿缺少体育锻炼，这是让不少家长头疼的问题。协和幼儿园的专职体育教师则精心拍摄制作亲子体育游戏视频，并详细讲解游戏的意义、玩法以及需要注意的小提示。在传染病毒来势汹汹的情况下，简单实用的宅家运动不仅让家长和幼儿心情愉快、增强情感的交流，而且提高了身体免疫力……

就这样，协和幼儿园专业的家庭教育指引被荔湾区教育发展研究院学前教育科推广，成为推向区各幼儿园做好延迟开学准备、加强家庭教育指引的素材和资源。

（二）坚定家园共育方向，齐心协力勇毅前行

"停课不停学"，协和幼儿园园长和教师用心策划幼儿居家游戏与生活的家园共育课程指引，积极研发居家期间符合幼儿身心发展特点的教育教学内容，让幼儿的宅家时光也能像在幼儿园一样，与快乐同伴、与健康同行、与成长同步。

为落实全员参与的要求，充分发挥特殊时期家园共育的功能，协和幼儿园教学部对教师进行分组，引领教师树立正确的思想，将延迟开学的时间视作开展生命教育、培养幼儿良好行为习惯、提升幼儿自主学习能力的契机。同时，协和幼儿园认识到这段时期开展活动的特殊性，要求教师设计的活动既要注意整合已有的优秀资源，又要注意自主创新；既要整合本园的园本特色和主题，又要融合预防传染病毒知识要点；既要生动有趣又要科学专业。这对教师来说无疑是多重的挑战。

计划在前，教育部门要求幼儿园制订至少一个月的幼儿"宅家"活动计划，以周为单位，并根据形势发展变化进行完善。时间紧，任务重。在这段时间里，协和幼儿园教师通过网络进行交流、思维碰撞，查找了许多五大领域（健康、语言、社会、科学、艺术）的活动案例，阅读了大量教育的资料，精选合适的活动内容。

选择合适的活动内容后，通过何种形式生动有趣地呈现给幼儿，这是教师遇到的新挑战。在往常的一日生活活动中，活动的场地在幼儿园，活动的基础是师幼的互动，因此教师一致选择了视频的形式。但是，视频的制作要能体现师幼的互动，吸引幼儿的兴趣和注意力。同时，视频要能巧妙地照顾幼儿的年龄特点，不能啰唆拖沓，造成幼儿长时间面对电子产品的用眼压力。在短时间内完整呈现活动内容，这就要求视频要有合理的思路安排，这也是活动教案的隐形体现。由此，教师一边拍一边修改，逐渐意识到视频内容要明确清晰、过程指导重点要突出、指导的语言要简洁凝练。在这样一次次的修改中，协和幼儿园的教师在"既清晰有趣，又不啰唆拖沓"之间找到了平衡点。

万事开头难，教师遇到的第二个大问题是如何对在线视频进行剪辑。很多教师都没有制作视频的经验，对于拍摄出来的素材如何处理犯了难。然而，乐学乐创是协和幼儿园的精神，教师没有被困难吓倒，而是在网上查找资料自学或向有经验的教师请教，发挥协和大家庭互帮互助的精神，纷纷相互推荐好用的剪辑软件，相互交流技术问题。例如，如何给视频添加封面，标示活动的基本信息；如何将视频中多余累赘的部分剪除；如何调整视频的播放速度缩短视频的整体时长；如何给视频添加音乐背景或特效贴纸，既增加趣味性又突出活动的重难点；如何添加必要的字幕；等等。协和幼儿园教师在碰撞交流中创新，在实践中摸索，为了做出满意的效果，一遍又一遍地反复修改，甚至修改到深夜，只为让视频更生动有趣、符合幼儿的年龄特点。

功夫不负有心人，教师从一开始面对镜头时的羞涩到逐渐自然、从拍摄思路混乱到有条不紊、从面对剪辑软件无从下手到能熟悉软件主要功能，经过一次次的尝试和经验交流，教师终于制作出了满意的作品。在所有教师的共同努力下，经过反复推敲、精心设计的各年龄段幼儿宅家活动每日指引终于新鲜出炉了。至此，幼儿宅家活动每日指引于2020年2月17日起，每天早上通过幼儿园的公众号准时和大家见面，为家长和幼儿提供更加系统专业的居家指南。

宅家活动每日指引上线不久就引起了家长和幼儿的强烈反响。家长纷纷点赞并留言：活动生动有趣、操作性强，和孩子玩得非常开心；活动内容丰富，有好玩的游戏、神奇的科学小实验、动感的律动操、好看的舞蹈律动等；有专门的防病毒小知识介绍，让孩子知道了戴口罩和勤洗手的重要性，学到了不少保护自己的方法和妙招；等等。幼儿也纷纷把自己的学习活动成果展示在班级群里面。丰富多彩的活动让家长和幼儿足不出户也能度过快乐且有意义的亲子时光，这其中蕴藏着教师无微不至的关心，更寄托着教师满怀爱意的希望。

三、在碰撞中孕育

重大校园公共卫生事件的发生使幼儿不得不宅在家里，"停课不停学"让网络教学势在必行。中小学教师纷纷成为"主播"。虽然，幼儿园不开展线上教育，但可以通过信息推送等方式开展保教指导。此时，家园共育场景转变为以家庭场景为主，传统的家园共育模式、理念、方法等面临着极大的挑战，因平台、技术的改变，协和幼儿园主动适应、深入思考、转换角度，在理念、内容、实施模式等维度上深入思考与重构家庭教育课程。

（一）与教师、家长对话，建立家园共育的课程愿景

基于协和幼儿园已有的1.0版"和乐共长"家长课程"和风协济，乐育童

心"的家园共育愿景，在实践中，协和幼儿园开始重新审视家园共育育人立场——家园共育活动要将幼儿放在核心位置，站在幼儿生命整体发展的视角来促进幼儿的全面发展，家长与教师在幼儿成长的过程中是引导者和服务者，而不是塑造者和控制者。为推进落实国家立德树人、五育并举等育人目标，协和幼儿园积极与教师、家长对话，寻求共识，思考建立家庭教育课程新样态的共育愿景。

在经过反复的教师研究探讨、家长访谈、调研之后，基于已有的教学实践，协和幼儿园通过专题讲座、教师研讨等与家长、教师达成了"和"的共识，明确了家园共育的方向，构建了家庭教育课程的新样态：体现教师回应家长个性化育儿指导需求的"有人性"家园联动；感受居家隔离之下尽管许多事情改变了，但家长和教师的爱并没有改变，家长、教师与幼儿建立"有温度"的情感联结；家长、教师、幼儿三方共同参与，关注"有故事"的家育过程；仪式感满满的家庭教育主题活动，塑造幼儿"有美感"的纯美心灵。

由此，结合生活即教育的理念，基于幼儿居家生活的场景特殊性及家长育儿指导的需要，以及对生命教育真谛的深入思考，协和幼儿园明确创立2.0版家庭教育课程的方向，着手精心设计"和乐·苗坊"主题课程，希望关注每一个充满朝气的幼儿，关注每一位家长的美好期望，让幼儿在紧密的家园关怀和陪伴中阳光成长。

（二）转变课程管理理念，明确课程内容的构建体系

为响应国家"停课不停学"文件精神、满足幼儿居家生活与学习的需要，作为广州市学校家庭教育实践基地、荔湾区家庭教育学院实验基地和中国新样态学校百年园，在中国教育科学研究院的指导下，协和幼儿园在实践中不断加强家园合作的研究与探索力度，聚焦当下最为突出的家庭教育问题，迅速成立由园行政班子、教学主管、一线教师等组成的家庭教育研发组，以顶层设计为引领延伸到具体活动的方式，从幼儿兴趣的培养、情感的需要、能力的培养等多方位思考，用系统思维、课程整体思维建构家园合作模式，探索构建了完整的家园共育课程体系。

第二节　越来越有课程的感觉了

协和幼儿园坚持立德树人核心目标，持续强化居家隔离时期家庭教育指导工作，强力推进"和乐·苗坊"家庭教育课程的构建工作。随着研究和实践的深入，"和乐·苗坊"课程体系逐渐成形，课程目标、课程内容和课程的实施方式也逐渐明晰。

一、树立"和乐·苗坊"课程目标

每个幼儿都是一个独特的个体，他们就像一株株小"和"苗，需要阳光、空气、雨露的滋养，他们的成长更需要家长、教师、社会的关怀和陪伴。如此，小"和"苗才能向阳而生，慢慢成长为一棵能爱护自己、呵护家人、保护国家、守护自然的参天大树。协和幼儿园是小"和"苗成长的沃土，经过园长妈妈和教师们的精心筹备，这里为小"和"苗提供不同的成长契机，小"和"苗可以体验各种成长的快乐，听着指针嘀嗒嘀嗒地响，逐渐长成一株株"和而不同，乐学乐创"的健康小"和"苗。这是"和乐·苗坊"课程的初心，也是"和乐·苗坊"课程的最终目标。

（一）总目标

"和乐·苗坊"课程的总体目标是最终促进幼儿身心和谐、和而不同地发展。为推进落实国家立德树人、五育并举等育人目标，协和幼儿园以《幼儿园教育指导纲要（试行）》和《3-6岁儿童学习与发展指南》为依据，结合生活即教育的理念，以"和乐"教育理念为引领，创立协和幼儿园2.0版"和乐·苗坊"家庭教育课程，确立课程理念和内容，探索有效的实施策略，推进"幼儿园、教师、家长三位一体"的家园合作模式建设，体现"有人性"家园联动、"有温度"的情感联结、"有故事"的家育过程、"有美感"的纯美心灵，形成教育合力，引导家长认识、理解并掌握如何帮助幼儿从小养成良好的生活习惯、保健习惯、学习习惯，培养幼儿乐学乐创的良好习惯，为其以后的生活和学习奠定良好的基础（图2-2-1）。

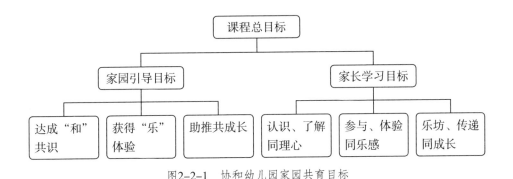

图2-2-1 协和幼儿园家园共育目标

（二）家园引导目标与家长学习目标

在认知维度，引导家长与协和幼儿园达成"和"的共识，构建共筑成长的观念支柱。在情感维度，为家长提供参与"和"的体验机会，让家长同幼儿一起踏入幼儿园课程，更近距离地陪幼儿一起学习与发展，获得"乐"体验。在能力维度，引导家长提升家庭教育能力，助推家长与幼儿共同成长。

二、明确"和乐·苗坊"课程内容

习近平总书记强调要把人民群众的生命安全和身体健康放在第一位。作为幼儿园家庭教育基地，协和幼儿园始终把生命教育摆在幼儿园教育的重中之重。居家隔离期间，幼儿居家生活与学习的需要与家园共育教育课程的建设成了此阶段的教育教学工作重心。

由此，承接前阶段教育主题内容推送的基础，协和幼儿园开展面向幼儿、家长、教师的调研，结合"和而不同，乐学乐创"的发展愿景，以线上互动平台为依托，以幼儿生命为中心，关注家长的需求，不断在实践中调整，最终形成"和乐·苗坊"家庭教育主题课程体系框架，框架包含爱国教育、生命教育、健康教育、劳动教育四大板块，四大板块内容推出"多彩生命树""宅趣棒棒屋""童言彩虹桥""童真家国号"四大线上教育主题活动（图2-2-2）。

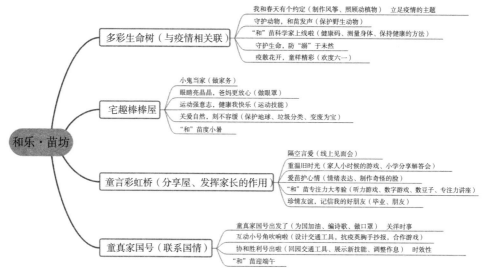

图2-2-2 协和幼儿园"和乐·苗坊"课程四大线上教育主题活动

三、定义"和乐·苗坊"课程价值

在居家隔离期间，协和幼儿园不断探索家园合作的形式。在"有人性、有温度、有故事、有美感"的"四有"理念指导下，"和乐·苗坊"课程进一步深化和乐共长家庭教育课程，开启了与家长携手丰富家园教育的新篇章。

（一）彰显"四有"样态，重塑家庭教育顶层设计

"和乐·苗坊"对家长定时定期开展共育课程，及时解答家长在育儿过程中的困惑，彰显"有人性"的家园联动；为教师回应家长个性化的育儿指导需求提供渠道，彰显"有温度"的家园互动；在家园共育过程中采用美篇、微信公众号等平台，进行多途径的记录与宣传，彰显"有美感"的家园印象；有助于幼儿园及时总结提炼家园共育的实践经验，彰显"有故事"的家园品牌。

（二）落实立德树人，深化课程内容与居家生活的育人价值

自从孩子出生，父母就开启了"升级打怪"模式，每一个阶段都有着不同的成长关键点，每一个阶段都需要父母与孩子携手共同解决一个又一个挑战，

居家隔离期间更是如此。

2018年9月，习近平总书记在全国教育大会上的重要讲话中多次提到"立德树人"，并强调："要把立德树人融入思想道德教育、文化知识教育、社会实践教育各环节。"强家庭教育，是落实立德树人根本任务的重要基础。家庭教育涉及很多方面，但最重要的是品德教育，必须坚持把立德树人贯穿家庭教育全过程，塑造孩子正确的价值观念和良好的思想品德。"和乐·苗坊"家庭教育课程的首要任务也是立德树人，并把立德树人贯穿家园共育全过程，注重引领家长树立正确的教育观念，深化课程内容主题的建设与居家生活的育人价值，让家园真正协同起来，同向同行。

（三）实现云端沟通，搭建家园协同育人云课堂

在居家隔离期间，协和幼儿园通过信息技术搭建沟通家园、师幼、幼幼、家幼云课堂，探索新型家园合作途径，致力于打造具有协和特色的家园科学共育平台，为家长、教师、幼儿园架起互联互通、互学互长的桥梁。这些家园合作的途径包括：开设"和乐·苗坊"家庭教育云讲堂，共同探讨家庭教育中遇到的困惑，引导家长与幼儿、家庭回归和谐的关系，塑造家庭教育新样态；各班教师以班为单位，以各种交流软件为媒介，每周安排网络师幼、家长见面会，围绕重大校园公共卫生事件的热点问题与幼儿、家长共同探讨关于生命、责任、勇气、榜样等的话题，分享宅家趣事；发起线上问卷调查，了解家长在亲子陪伴中产生的困难和有效衔接中的焦虑等，为家庭提供了有针对性的指导和帮助。

（四）丰富共育平台，实现家园共同成长

幼儿教育是每个人接受教育的基础，是每个人形成认知、情感、性格和能力的关键时期。家园共育作为幼儿教育中的重要形式，不能简单地理解为教育的一种方式和手段，而应该被看作幼儿教育中的成长环境。在家园共育推进过程中，协和幼儿园利用微信公众号、美篇等平台，进行多途径记录与宣传。此外，各班教师每周制作班级美篇，记录本班幼儿和家长在主题活动实施过程中的成长并分享照片、视频、音频。同时，帮助省内外结对帮扶园开展家庭教育内容的培训，能充分发挥优质教育资源的辐射带动作用，丰富共育平台，实现家园共同成长。

第三节 从"应急"到全新的家园共育课程

在特殊时期，从"应急"到全新的家园共育课程形成，"和乐·苗坊"家庭教育线上课程走过了许多研究的时光，借助了云端沟通的优势，让家庭、幼儿、教师在网络中无缝衔接，共同成长。幼儿园、家庭、教师渐渐在课程研发的过程中形成教育合力，迸发家园共育的教育智慧，从幼儿的全面整体发展角度进行系统的课程构建，将教育教学内容变成可持续性的一次又一次的新实践。每一个参与者都在挑战自我、历练自我、突破构想、提高站位。这是一场家园共育的生命教育之旅，更是师幼共长的美丽征程。

一、解锁实施新途径

传统的幼儿园课程管理更多地强调教师要忠实执行、完成既定的教育目标，却忽视了教师在课程建设过程中的主观能动性。协和幼儿园积极转变课程管理理念，引领教师树立课程信念，以幼儿的发展目标为引领，以开放性的课程资源为依托，以幼儿日常生活中的实践经验为基础，主动探寻、开发灵活多样的课程资源，构建内容丰富的课程内容体系，创新课程实施方法。

"让课程烹饪童年的味道"，如华东师范大学朱家雄教授所言，如果将幼儿园课程比喻为饭菜，将编制幼儿园课程比作制定食谱，由此推演，那么家园共育课程实施就是幼儿园、教师和家长共同协作，根据食谱烹饪饭菜的过程。

为了保证课程的有效落实和实施，形成相对科学、合理、适合本园情况的课程实施体系。在制订课程实施方案之前，协和幼儿园组织全体教师深入学习了《幼儿园课程图景》，开展了多次读书沙龙活动，学习、研讨、明确了"和乐·苗坊"课程的实施模式。

（一）课程理念的落实

课程理念是联系课程各要素的纽带，在具体思考课程实施方案各要素的过程中，幼儿园应注意首先从课程理念出发，思考这一要素应该对应的原则、方法和内容，并清晰地将这种关联性表述出来。然而，目前的幼儿园课程实施方案有一个比较常见的问题，即课程理念单独陈述，不与方案各个要素相关联，方案各要素的具体内容既没有与课程理念相挂钩，也没有体现出课程理念在课程各个要素中的具体落实，导致有些课程要素中所描述的原则、方法等与课程理念的描述不一致。因此，协和幼儿园在制订课程实施方案时注意把"让每一个生命出彩"的课程理念融入课程实施的每个步骤，坚定家园共育立场——家园共育活动将幼儿放在核心位置，站在幼儿生命完整发展的视角来促进幼儿的全面发展，满足幼儿成长发展和对美好生活的需要；家长与教师成为课程实施的主体之一，在幼儿成长过程中是参与者、引导者和合作者；关注对每一个生命个体的尊重，努力让每一个幼儿都能在紧密的家园关怀与陪伴中绽放自己的精彩，使幼儿在幸福愉悦的环境中享受生活、享受生命、快乐成长。

（二）课程实施的操作性

课程实施的逻辑一致性问题常常表现在：课程实施背景和课程诸要素之间的相关性不强，课程结构内部的逻辑关系不强以及课程实施方案的操作性不强，等等。因此，对照这些问题，协和幼儿园在明确课程内容框架的时候，明确幼儿居家生活场景的特殊性以及家长育儿指导的需要，根据四大板块的课程内容，遵循简单（小任务简单，能够带给幼儿有趣的活动体验）、满足（完成小任务后幼儿既能获得好奇心与情感上的满足，又能获得知识技能上的发展）、便于操作（利用家庭中易见的材料或活动场景）等原则，并着手落实到每日的课程实施方案，最后决定将课程的日常实施步骤分为"启动—指引—反馈"，即每周一在幼儿园微信公众号启动主题活动，激发幼儿与家长参与的积极性，每周三推送相关活动的科学指引，给予家长专业教育指导；每周五反馈幼儿与家长的活动情况，及时记录与宣传家园共育成果。三大步骤环环相扣，循序渐进。

（三）课程生活化、游戏化和项目式学习

基于STEM教育理念和项目式学习理念的启示，我们站在质量的高度，站在儿童获得完整经验的角度，站在儿童身心发展规律和学习特点的角度，决定以课程生活化、游戏化和项目化的形式推进课程实施，最终目的是促进幼儿发展，同时提升教师课程建设的水平、提升课程实践的水平、提升家庭教育的水平。中国幼儿教育之父陈鹤琴先生指出："要充分利用幼儿周围生活中熟悉的、感兴趣的自然现象、社会环境对幼儿进行教育，让幼儿了解生活、了解自然，到实践中去学习知识、积累经验，寓教育于幼儿生活之中。"为何选择课程游戏化？课程游戏化就是让幼儿园课程更加适合幼儿，更生动、丰富、有趣。游戏为何要适合幼儿？因为幼儿的内心是游戏的，幼儿的心灵有游戏的种子，幼儿的内心更贴近游戏。让幼儿园的课程更加适合幼儿，让幼儿园游戏更加生动、更加丰富、更加有趣、更加有效，从而让他们获得更多新的经验。项目式学习是国际上较为认可的一种教学模式，包含以幼儿为中心、主动持续的探究、完成项目作品三个特征，精髓在于发挥问题的指导作用，促进幼儿的积极思考，引导幼儿通过自主学习和合作探究来解决问题，提升幼儿提出问题并解决问题的能力，这与协和幼儿园"让每一个生命出彩"的课程理念相契合。同时，项目式学习理论适用于当下特殊时期对幼儿生活能力和良好习惯的培养，也适用于幼儿核心素养的培养。

（四）以班为基点的课程实施

幼儿园课程实施不仅是将设计的课程方案付诸实践的过程，也是每位教师根据方案对各自班级的幼儿实施影响的过程。由于幼儿园每个班级的不同情况以及幼儿的不同兴趣、需要、能力和发展水平等差异，幼儿园课程在每个班级实施与落实的本质是一个课程的"再设计"与"再实施"的过程。在这个意义上，幼儿园课程实施方案需考虑以班为基点的课程实施。因此，协和幼儿园在决定家园共育课程实施模式时，以四大板块主题教育活动的螺旋式变化为实施主线，以班级落实为实施基点，根据幼儿园的实际情况，在每周教育主题的背景下，多方面积极支持教师课程的落实实施，并给予有效的管理和监控。

二、解锁评价新途径

幼儿园的课程质量是幼儿教育质量的核心,要推动幼儿园课程质量的不断提升,一方面需要全面推进幼儿园课程改革,另一方面则要推进课程评价的实施。在实施"和乐·苗坊"的过程中,针对课程采取以下几种评价方式。

(一)课程的形成性评价

在课程的形成性评价过程当中,协和幼儿园以教师为主,通过相应的评价方法和评价手段来全面收集幼儿的发展信息,使其成为课程改进和优化的主要事实依据。

首先,教师可以借助正式与非正式观察把握幼儿的即时学习表现,进一步优化课程实施过程。观察是幼儿园课程与教学的起点,是教师读懂幼儿的重要法宝,它为幼儿园课程决策和实施提供了信息基础。因此,教师要充分借助正式和非正式观察来获取幼儿的活动信息。正式观察是指教师在一定的主题活动背景下,依据一定的目的和观察内容对幼儿的活动表现进行针对性的观察。正式观察所获得的反馈信息具有更强的目的性和系统性,可以为优化课程实施提供有针对性的事实依据。非正式观察是一种结构较为松散的观察方式,适合教师在幼儿的日常生活和自发活动中进行。在非正式观察中,教师可以获取幼儿活动的一些典型事件,这些事件虽然看似较为孤立和偶然,却是幼儿发展水平和内在心理状态的真实体现,可以为教师了解幼儿的发展水平和发展需求提供一个重要的窗口。结合正式与非正式观察并对观察所获得的信息进行深入分析,教师可以从点和面两个不同维度来全面获取课程实施过程中幼儿的活动与发展信息,进而为课程优化提供充足的事实依据。

其次,教师可以借助幼儿成长档案袋来记录幼儿的关键成长节点,以此透视课程建构的教育价值。档案袋是幼儿的成长记录袋,它通过收集幼儿有代表性的作品、教师或家长评价记录、学期评估表等来记录幼儿的成长轨迹。档案袋评价以一种形象、动态、连续的方式呈现幼儿的学习与发展过程,而在课程的形成性评价中采用档案袋评价,就是把幼儿在某一课程中的关键表现以适当的方式记录下来。档案袋的内容是由幼儿、教师、家长共同收集整理的,它从不同角度、不同内容反映了幼儿的学习状态，可以为对幼儿的全面评价提供素材。同时，幼儿园课程实践是具有连续性的，这种连续性反映在课程评价上就是记录幼儿成长的素材也是连续性的，从这种连续性中可以评判出课程对幼儿发展的持续作用，避免了课程组织与实施的碎片化和盲目化。

最后，教师可以通过对幼儿发展的抽样测评来把握幼儿发展的整体特征，提升形成性课程评价的科学性及其效率。抽样测评是为了进一步验证形成性评价的作用和效果而在学期末对不同年龄阶段幼儿所开展的一种测试，这种测评不是对幼儿知识和技能的测评，而是对幼儿情感、社会性发展、问题解决能力、学习品质等的测评，即重点考评的是幼儿的学习性表现。形成性课程评价中的抽样测评可以依据不同活动领域来开展，并根据幼儿的不同年龄设置相应的评价量表。为了使测评更为客观、真实和有效，可以将教师分为小、中、大班三组并采用推磨式的方式对幼儿进行测评，即大班组教师抽测小班幼儿、中班组教师抽测大班幼儿、小班组教师抽测中班幼儿。采用抽样式测评是为了以更为客观、科学和全面的方式对幼儿的学习效果进行评价，从而从整体上把握幼儿的学习状态和发展水平。

（二）幼儿发展评价

1. 常规评价

我们以幼儿成长档案为载体，运用观察、记录等方法，从"每周成长录"（记录幼儿五大领域学习发展的情况）、"我的作品"（记录幼儿的创造与表现）、"每月进步"（记录幼儿生活、学习等方面的突出表现）等方面，在记录过程中观察和发现幼儿的闪光点和发展点，不仅能在课程实施的过程中对幼儿情况进行评价，还能够让教师就课程进程中的情况与家长进行沟通，及时为幼儿提供学习改进与完善的机会。

2. 家园合作评价

我们以家长的学习记录和反馈为载体，运用专业的测评工具进行分析，科学地评价家长的意见反馈，同时通过家长委员会和家庭访谈了解家长的育儿需求，从多途径、多方面促进教师与幼儿、教师与家长之间的交流，形成教育合力，帮助家长在参与课程过程中对自我以及幼儿进行评价。

3. 教师评价

我们以幼儿成长档案、发展检核表和教师日常观察表为载体，利用现代信息技术的手段，获悉幼儿不同阶段的发展状况，对幼儿的发展状况作出连续性评价，同时，对评价过程进行总结和反思，梳理课程评价指标、形成操作指引、制作各类评价表格等。

第三章

"和乐·苗坊"的生长期

　　"和乐·苗坊"家园共育课程是依托协和幼儿园的"和乐"课程体系而设计、开发和实施的，是协和幼儿园"和乐"课程体系中的一部分，其课程活动的开展和家长学校课程的形成是一个系统工程，在明确、科学而适宜的办园理念"协力和衷，作育英才"的统领下，致力于在幼儿园和家庭之间建立"和风协济，乐育童心"的家园共育愿景，并与幼儿园其他方面的工作相统一和协调，共同推动幼儿、家长、教师、幼儿园的总体发展，并最终实现"和而不同，乐学乐创"的幼儿发展目标。

第一节　课程创生理论依据

　　"课程创生"是近年来国外新兴的一种课程实施取向，是课程研究领域的一个重要理念，已在课程实践方面产生了重要影响。"课程创生"这一术语由美国学者辛德尔、波林和扎姆沃特等人于1992年最早提出。课程创生取向认为：真正的课程是教师和学生联合创造的教育经验，课程实施本质上是在具体的教育情境中创生新教育经验的过程，既有的课程计划只是为这个经验创生过程提供了工具或材料。

一、学前教育课程创生的内涵

　　学前教育课程创生是指教师根据一定的价值取向或幼儿的兴趣需要，优化整合幼儿园内外资源，在课程的开发、实施、评价过程中，通过不断地反思批评，主动地、创造性地构建适合幼儿全面、和谐而又富有个性发展的课程的过程。实践性、生成性、建构性、反思性、动态性、开放性是学前教育课程创生的主要特征。学前教育课程创生具有巨大的现、当代价值，尤其是在发生重大校园公共卫生事件等的特殊时期。

　　从外延来看，幼儿园课程创生可以体现在不同的层面，根据创生程度的不同，它既可以表现为教师对国家课程、地方课程的主动建构（如对国家课程或地方课程的改编、拓展、补充、整合、创新性理解以及偏见的消除），或者对国家课程、地方课程进行园本化处理，或者对幼儿园园本课程的主动建构；又可以表现为直接源于幼儿需要、兴趣的生成课程。根据创生结果的不同，它既包括独特的课程教学设计、有目的有意识的临场课程情境或为课程服务的活动环境的创设，又包括新的课程材料、玩教具等的研制和新的课程实施模式和策略的建构，还包括新课程观念的提出和新课程学说的创立。根据创生的要素不同，它主要包括教师对课程目标、课程内容、课程实施和课程评价等课程要素的主动建构。

课程创生不仅使教师的发展、幼儿的发展和课程的发展有机地融合为一体，还使课程由追求技术理性转为追求实践理性和解放理性。

二、学前课程创生的意义

（一）课程创生是学前教育的一大特点

幼儿有着和中小学少年儿童截然不同的身心发展特点与水平。他们的认知带有很大的感知运动性和具体形象性；他们的心理和行动带有较大的无意性；他们的模仿性和好奇性强；他们不受思维定式的影响和干扰；他们的想象丰富，喜欢直接的行动和探索；他们的心灵纯洁稚嫩，需要成人的呵护；他们的个性初步形成并为其一生奠定重要基础……幼儿的这些身心发展特点直接决定了其学习的主要方式是行动与活动。在此基础上，学前教育理论界普遍倾向于教育和课程的活动观。由此，学前教育以游戏性、活动性、操作性、启蒙性等为主要特点。而课程创生以其实践性、生成性、建构性、反思性、动态性、开放性以及个性塑造、师幼对话等为主要特点，这些都符合幼儿的身心发展特点和相应的学习方式。

同时，学前教育并不像中小学教育那样有考试和升学的压力，受应试教育的影响相对较少，国家在态度和行动上支持和鼓励幼儿园在相关文件精神的指导下自主创新适合幼儿园自己的课程，这为学前教育的课程创生提供了广阔的空间和平台。

（二）幼儿发展的差异性、课程实践的不确定性呼唤课程创生

随着当代各种人文取向教育思潮的崛起，因材施教、个别化教学、个性化教育已成为人们普遍追求的教育理念。近年来，随着主体性教育研究的深入，在尊重幼儿发展的差异性之基础上，促进个体的差异性发展已经成为主体性教育研究的重要课题。差异发展教育在课程上要求以每个幼儿独特的知识背景、

学习兴趣、认知和个性特点等为基础和依据，制订不同的课程目标、选择不同的课程内容、提供不同的环境和学习材料、采取不同的指导策略和对话方式、实施重在促进幼儿差异发展的评价，充分发挥幼儿的主体性，从而使每个幼儿都在原有的基础和发展水平上获得全面、和谐而又富有个性的发展。因此，差异发展教育的实现需要教师在使课程适应本幼儿园实际情况的基础上，进一步使之适合每一个幼儿，创生和建构适合每个幼儿的课程。

此外，在幼儿园不同年龄班级的课程的实施过程中，每天的课程情境总是因活动内容的不同而被不断切换，师幼互动也在不同的具体情境中持续、动态地发生着，这就需要教师密切关注幼儿的兴趣和困惑随机生成课程。因此，幼儿园课程实践的整个过程具有复杂性、不确定性和不可预期性，这需要幼儿园的领导和教师必须具备课程创生的意识和能力。

（三）课程创生意识和能力的提升是教师专业成长的重要部分

课程改革离不开教师，没有教师的发展就没有课程的发展。影响学前课程开发和实施的因素有很多，教师是其中最重要的因素。教师的课程创生不仅是促进幼儿主体性发展的手段，也能促进教师本身的专业成长与发展。创生取向的课程赋予教师全新的课程角色。在课程创生的过程中，教师由被动的忠实执行者转变为主动的课程开发者和反思建构者，由技术理性的追求转化为对实践理性和解放理性的追求。在课程的实施中，教师和幼儿成为建构积极的教育经验的主体，课程创生的过程是教师和幼儿持续成长的过程。当教师以主体和创生者的身份置身于从决策、开发、实施到评价这一课程发展的全过程之中，并通过多种方式有意识地持续开展多层面的课程创生活动时，教师的课程意识逐步自觉化，课程开发能力不断提升，课程知识、课程观念和课程价值取向等也会随之得以改造和重建。这是教师在课程创生过程中不断成长和发展的过程。

三、学前课程创生的本质要求

（一）学前课程创生以幼儿发展为本

在课程的价值取向上，历来存在三种类型，即社会本位、学科本位和儿童本位。其中，社会本位或学科本位的价值取向是"科学主义"和"技术理性"

的价值观在教育领域的反映。建立在这种价值取向基础上的课程，虽然有利于儿童系统、快速地继承社会生活和成人世界的已有经验，但由于其"重心在儿童之外，在教师、在教科书以及你所高兴的任何地方，唯独不在儿童自己即时的本能和活动之中"，因而容易使儿童丧失学习能力。要去除这一弊病的唯一出路便是实现教育重心的转移，从社会本位、学科本位转变为儿童本位。

因此，学前课程创生反对传统的忽视儿童本位意义的课程，主张课程的开发与实施均以儿童为本位。这种儿童本位的内涵主要包括以下两个方面。

1. 承认并尊重儿童的主体性，以儿童已有的经验为基点

学前课程创生的儿童观充分承认儿童的主体价值，认为儿童在与环境的互动中并不是一个消极适应者，而是一个积极主动的探索者、发现者、构建者和创造者。儿童有他们自己对世界的观察和体验：对自己、他人和自然，他们有着自己的理解和解读方式；对知识，他们有着自己独特的建构方式。学前课程创生不仅要承认儿童的主体性，而且要尊重儿童的主体性，这种尊重表现在学前课程的目标、内容、组织、评价均应以儿童已有的经验为基点。学前课程创生的课程观是经验的课程本质观，要求教师时刻关注儿童的经验、兴趣、发展需要、个性差异，体验儿童的情感，了解儿童的文化。此外，儿童的认知是以直觉行动性和具体形象性为主要特征的，基于具体情境的感知、动作、表象是其经验的重要表现形式，这使得儿童对于那些远离他们经验和生活的知识不感兴趣和难以理解。教师在课程实施中，应密切关注儿童的兴趣，倾听儿童的想法，解读儿童的文化；要善于捕捉儿童在活动中表现出来的兴趣，及时作出价值判断，生成儿童自己的课程。

2. 以促进儿童的发展为目标

学前课程创生以促进儿童的发展为根本归宿，要求教师在课程设计上充分考虑儿童已有的经验基础和兴趣、需要；在课程实施上，为儿童创造良好的环境，充分调动儿童的自主性、积极性和创造性，激发儿童大胆探索的兴趣，鼓励儿童积极与材料、同伴、教师有效互动以获得有意义的经验，并在活动中主动建构自己的意义世界；在课程的评价上，重点考察课程是否真正促进儿童经验的有效增长和意义建构。总之，课程创生的一切都要紧紧围绕促进儿童的发展进行。

（二）学前课程创生要尊重差异

传统的学前课程过分强调整齐划一，课程目标、内容、实施和评价不能做到兼顾差异，从而导致儿童、教师、幼儿园的个性和特色缺失。学前课程创生则以弘扬个性、差异共存为己任，强调开发和实施适合本地区、本幼儿园和符合儿童发展实际的课程，从而使课程呈现出多样性、差异性和独特性。这种差异性又包含两个方面：一是课程创生尊重儿童发展的年龄差异和个性差异；二是课程创生尊重幼儿园所处的内外环境差异。

学前课程创生要尊重儿童发展的年龄差异和个性差异。课程的设计与实施，一方面应建立在儿童心理发展的年龄差异上，另一方面应建立在儿童个性发展的差异上。不同年龄阶段的儿童在认知、情感和个性与社会性发展等方面具有差异性，这些差异性会直接影响课程创生在不同年龄的课程设计和课程实施。例如，从个性差异来看，不同的儿童，即使是同一年龄阶段的儿童，其认知发展水平、情绪情感和气质、能力、性格等个性与社会性发展都存在着较大的个体差异性，课程创生的设计与实施必须对其加以关注，并落到实处。

课程创生要尊重幼儿园所处的内外环境差异。不同的地域会存在着经济、文化、教育等方面的明显差异，这些差异又会影响着各个地域的教育质量。同样，不同的地域也会存在着不同的环境差异，环境要素的多样性构成了学前课程物质教育资源的差异性。其中，更为重要的是，这些地区在民族文化、地方文化和社区文化方面的差异性构成了学前课程创生非物质文化资源的差异性。幼儿园是学前教育实践的场所，可以说，有多少所幼儿园就存在着多少种学前教育的独特性，而这种独特性又显示出了幼儿园之间的差异性，这种差异性正是创生取向下的学前课程的基本特征。这要求每个幼儿园、每个不同年龄阶段的班级教师结合自己所在的地区、园所、班级、儿童的具体情况以及教师自己的兴趣和能力创生出适合本幼儿园、本班实际的，富有特色的，能最好地促进每个儿童全面和谐发展的课程。

（三）学前课程创生要动态发展

课程创生理念认为课程的开发和实施不仅是一个动态发展的过程，还是具有师生共建意义的过程。

1. 学前课程实施的情境性和不确定性

由于幼儿的认识活动对情境的依赖性很强，这就使得整个课程的实施呈现出情境性、变化性和开放性。因此，教师在编写课程大纲或者教学计划时应该采用一种一般的、宽松的、多少带有一定的不确定性的方式。

2. 学前课程创生应是师幼动态建构意义的过程

皮亚杰认为，真正的学习与发展不是环境单方面所能决定的，而是双方建构的过程。学前课程创生继承了这种建构观，认为幼儿的经验与认知的动态变化的特点决定了课程的实施必须处于动态、开放和建构的形态，教师的任务不是忠实地执行教材和课程计划，而是在关注幼儿兴趣和发展需要的基础上，创设"有准备的环境"，鼓励幼儿大胆探索，通过与材料、同伴、教师之间的积极互动，不断获得新的经验，并与原有经验产生冲突，从而达到经验的重组、改造与建构。

3. 学前课程创生主张课程的实施过程成为师幼共建意义的过程

幼儿是学习活动的主体，是意义建构的主动者而不是知识和经验的被动接受者。幼儿的身心发展特点和认知特点决定了课程创生必须为幼儿提供大量的直接探索的活动环境和机会，教师在其中扮演的是幼儿建构的帮助者、促进者。教师在课程的开发和实施的过程中，是经验的主动获取者，课程的运作能使其能力得以提升，其创造精神、实践的兴趣得以解放，从而实现其人生的意义和价值。

四、课程创生的资源整合和开发

课程资源是指课程设计、实施和评价等整个课程运作过程中可以利用的一切人力、物力以及自然资源的总和。课程资源的开发和利用是指探寻一切有可能进入课程、能够与教育教学活动联系起来的资源，并充分挖掘这部分资源的教育教学价值。

课程创生的实现需要课程资源提供人力、物力等方面的条件支持和保障。课程资源的开发与利用对课程创生的实施起着限制或者促进的作用，是课程创生实现的重要保障，也是教师课程创生能力高低的重要体现和提高课程创生能力的重要途径。

1. 重视非文本课程资源的开发和利用

课程创生是教师自觉地、有创造性地创生出符合幼儿发展的课程的过程。幼儿园和教师应充分重视非文本课程创生资源的开发，使课程文本资源与非文本资源二者达到合理的平衡状态。

2. 重视园外资源的开发和利用

课程创生应注重园外课程资源的开发和利用，这类资源包括家长资源、社区资源。在家长资源方面，教师在了解各个家长的职业特点、教育观念和教育方式等的基础上，应本着充分尊重家长意愿的原则，从多角度入手，合理利用家长资源。例如，可以请从事相关职业的家长参与课程创生的设计、教学、讲座等活动；也可以成立家委会，邀请热心并具有相应能力的家长参与组织、联系等工作。在社区资源方面，幼儿园应该主动与社区委员会和周边社区的相关单位（如中小学、图书馆、植物园、科技馆等）取得联系，并经常性互动，争取相关单位的支持与协助。同时，幼儿园应充分利用社区课程资源，积极为课程创生服务。

3. 要重视生本性课程资源的开发和利用

生本性课程资源的开发和利用是课程创生资源开发的基本要求，要求教师充分关注、观察幼儿的活动，为幼儿提供丰富的活动材料和富有挑战性的探究环境，鼓励幼儿积极与环境中的材料或人产生积极的互动。同时，教师要积极从幼儿的这些活动中捕捉富有价值的生本性课程资源。

4. 幼儿园要充分开发和利用现代化信息技术课程资源

信息技术的飞速发展为幼儿园和教师提供了一种新型的课程资源，也为教师的继续学习和与家长、同行、专家的交流提供了便捷的平台。幼儿园和教师应充分利用信息技术，与时俱进，为幼儿的成长提供良好的探究环境。

参考文献：

赵祥麟，王承绪.杜威教育论著选［M］.上海：华东师范大学出版社，1981.

第二节　和乐·苗坊课程文化形成

　　文化是学校的根本、立校的灵魂，只有优秀的园所文化才能孕育出优秀的园所。园所文化里既有教育的理论基石，也有传统文化的延展。2016年，中国教育科学院基础研究所提出打造一批"有人性、有温度、有故事、有美感"的新样态学校。在此背景下，协和幼儿园作为中国新样态学校联盟的一员，遵循建设"新样态"学校的指引，在回顾办园历史的同时，挖掘园本资源优势，重构"和乐"课程体系。由此，"和乐"课程体系扎根于百年协和的"和乐"文化土壤之中，"和乐·苗坊"课程得以生长。

一、以"和乐"为根——"和乐"文化历史探寻

　　百年协和，在风雨中诞生，在磨难中前行。寻根协和，方能不忘初心，继续前行。协和幼儿园始建于1911年，与辛亥革命同年，享有"华南幼教先声"之誉。1911年9月，美国幼儿教育家碧卢夫人（Mrs Lear Biglow）在广州西关创办的中国早期的幼稚园——"慈爱传习所"，是协和幼儿园的源起。随着时代的变迁，协和先后历经了从幼儿园到幼师、师范、师范附小到示范性高中，从广州到港澳的发展变迁，至今已扩展为同根同源的粤港"八大协和"体系。八大姊妹校聚散分离，但始终秉承"协力和衷，作育英才"的办学理念，成效卓越。其间，协和幼儿园先后被易名为"协和女子师范学校附属幼稚园""广州粤秀师范学校附属幼儿园""广州市师范学校附属幼儿园""荔湾区西村幼儿园"。2011年，借协和百年校庆之际，协和幼儿园重回幼儿园、小学、中学一脉相承的粤港八所协和的"姊妹学校"大体系，复名为"广州市荔湾区协和幼

儿园"。百年协和，实现了从昔日的传习所到今天的全国百佳幼儿园、首批广东省一级幼儿园、广东省绿色幼儿园、广州市示范性幼儿园、广州市示范性家长学校、荔湾区"五星级"品牌幼儿园的飞跃。

（一）百年历史，汇源于"和"

厚重的历史使协和幼儿园前进的步伐更加坚定。站在新的节点上，协和人坚持传承与创新的原则，展开了链接过去、现在与将来的系统思考：协和幼儿园的文化核心应该植根何处？协和幼儿园的教育理念应该指向何方？深感躬耕前行的协和的百年历史皆源于"和"。作为协和体系之根源，幼儿园理应与体系中的协和院校一致，共同坚持遵循创校者提出的"协力和衷，作育英才"的办学理念，在"尔识真理，真理释尔"园训的感召中，于教海中挚爱崇德，在风浪间闲庭信步，传承创新以"和"为核心的教育文化。

解读"和乐"文化，协和幼儿园凝练出的核心文化是和谐、和而不同的"和"文化。此外，协和幼儿园的园徽是油灯，油灯象征真理之光，在黑暗中引导我们力臻真、善、美之境界；红白颜色象征着红白儿女，红色寓意着幼儿洁白的童心；墨绿的底色则寓意着默默地耕耘绿色的希望，低调而又生机勃发，这是标志文化的体现。

（二）立于幼学，寓教于"乐"

寻觅到园所的文化根源，协和人开始思考："和"之发展将去往何方？"人生百年，立于幼学"，学前阶段是人生最重要的启蒙时期，"寓教于乐"则是此阶段教育的最高境界。要实现国家教育规划纲要提出的"保障幼儿快乐健康成长"的要求，就要为幼儿提供体验乐学、乐创的过程。那么，协和幼儿园的"乐"由何而来呢？由爱而乐？由健而乐？享玩之乐？享美之乐……随着这些问题的探讨，"和乐教育"思想日渐清晰，相关理念逐渐凝练而成，协和幼儿园"和乐"教育理念由此提出，"和而不同，乐学乐创"的育人目标由此确立，并逐渐形成了鲜明的"和乐教育"特色。由此，协和幼儿园以"和乐"为基调、以文化为引领、以环境为熏陶、以管理为保障、以团队为支撑、以课程为载体，最终呈现出教师、幼儿乃至家长和而不同、乐学乐创的和乐景象。因此，协和幼儿园制订了协和幼儿园"和乐"特色发展目标，树立了"教育基于和乐,英才始于习惯"的教育理念,确立了"和风协济,乐育童心"的愿景,共同推动协和幼儿园教育"拾级聚足,连步以上"。

基于上述"和"的历史和"乐"的要求,同时根据《国家中长期教育改革和发展规划纲要(2010—2020年)》对学前教育发展提出的"遵循幼儿身心发展规律,坚持科学保教方法,保障幼儿快乐健康成长"的要求,我们更加坚定了让孩子在幼儿园课程中获得"乐"的体验的前进方向。协和幼儿园"和乐"课程的构建理念也由此提出:以培养"和而不同,乐学乐创"的幼儿为目标,构建以养成教育和艺创教育为内容的"和乐"教育园本课程,凸显"和乐"特色。

二、"和乐"课程理念引领下的家园合作

"和乐"课程的受众不仅仅是幼儿,也辐射带动其背后的每一个家庭。基于"和"的历史和"乐"的追求,为了完善"和乐"教育体系,协和幼儿园确立了"和而不同,乐学乐创"的办园宗旨、"协力和衷,作育英才"的办园理念以及"和风协济,乐育童心"的办园愿景,树立了"教育基于和乐,英才始于习惯"的教育理念,以文化为引领、以环境为熏陶、以管理为保障、以团队为支撑、以课程为载体,提出了"让每个生命出彩"的"和乐"课程理念和"培养具有礼(德乐之礼)、智(多元之智)、创(想象之创)、乐(好学之乐)、数(应用之数)、技(兴趣之技)的新六艺儿童"的育人目标,最终描绘出教师、幼儿乃至家长"和而不同、乐学乐创"的"和乐"共长的景象。

由此,协和幼儿园的家园合作秉承"协力和衷,作育英才"的办园理念和"教育基于和乐,英才始于习惯"的教育思想,家园共同建立"和风协济,乐育童心"的共育愿景,明确"和而不同,乐学乐创"的培养目标,通过专题讲座形成"和"的共识,通过亲子实践活动获得"乐"的体验,通过网络宣教助推亲子共同成长。

三、"和乐·苗坊"与"和乐"课程体系

"和乐"园本课程于2014年初成体系并逐渐全面推行。荔湾在粤港澳大湾

区建设中的定位为国家重要中心城市核心功能区，在新时代背景下，百年协和必须承担起时代责任，勇立潮头再启航，深化幼儿园品牌建设。2020年，协和幼儿园寻根以"协和"，创新以"和乐"，迎来了新的发展节点，经过高站位斟酌、大格局考量，基于居家隔离特殊时期的特殊需求，在继承办园理念的基础上，进一步细化和落实办园宗旨、育人目标，创生"和乐·苗坊"课程，重构"和乐"课程，让"和乐"文化有了新的发展，"和乐"课程体系也有了全面的发展。

（一）"和乐"课程整体观

幼儿园课程的培养对象是3—6岁的幼儿，在幼儿园中实施教育活动的主体是教师，在家庭中实施教育活动的主体是家长，教师和家长的观念是否一致直接影响幼儿教育的效果。因此，"和乐"课程的构建不仅仅针对幼儿这一教育对象，而是要树立一个整体的课程观，形成面向幼儿、教师和家长的系列"和乐"课程体系（图3-2-1）。

图3-2-1　协和幼儿园"和乐"课程体系

协和幼儿园在中国教育科学研究院专家的专业指导下，以"和乐"文化为引领，用心勾勒"和乐"课程的新形态，提出了"和乐"课程的总目标——以培养新"六艺"儿童为育人目标，让幼儿、家长及教师获得身心和谐的内动力、家庭和谐的建设力、社会和谐的影响力、生态环境的保护力的"四和能力"，形成"由健而乐""由爱而乐""由美而乐""由创而乐"的"四乐志趣"，实现幼儿、家长及教师的共同成长（图3-2-2）。

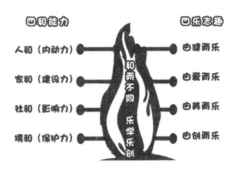

图3-2-2 协和幼儿园"和乐"课程目标

（二）创生于特殊时期的"和乐·苗坊"

原"和乐"课程体系中包括幼儿课程、家长课程和教师课程三个部分。课程内容包含三大板块，即养成教育、自然教育、艺创教育。养成教育从言、衣、食、住、行五大主题出发，通过有趣的主题游戏教学形式，培养幼儿服务自我、健康生活、文明交往的能力；在自然教育中，建构观、探、赏三大主题，培养幼儿热爱自然、积极探索和发现美好的能力；在艺创教育中，重构文、体、艺、创四大主题，培养幼儿文化认同、责任担当和实践创新的能力。和乐共长家庭教育课程以《幼儿园教育指导纲要（试行）》和《3—6岁儿童学习与发展指南》为依据，以"和乐"教育理念为引领，引导家长认识、理解并掌握如何帮助幼儿从小养成良好的生活习惯、保健习惯和学习习惯，促进幼儿身心发展，根据家长不同阶段的育儿需求制定内容，主要由专题讲座、亲子活动和网络宣教三个部分组成。

根据幼儿居家学习与发展需要，"和乐·苗坊"家庭教育线上课程以"131"模式实施。"和乐·苗坊"家庭教育课程始终牢牢把握家园共育的"方向盘"，课程的各方设计者紧紧围绕着幼儿这一中心。这一场美丽的家园共育之旅，让教师、幼儿、家长都同向而行，朝着美好的方向不断前行。

四、"和乐"实践滋养"和乐·苗坊"

为了完善"和乐教育"体系，协和幼儿园制订了"和乐"教育特色发展目标，遵循了创校者"教育基于和乐，英才始于习惯"的教育理念，以"和风协济，乐育童心"的教育愿景，用文化守望园所，用行动追寻理想。由此，协和幼儿园奠定了"和乐"的基调，潜心走文化立园的道路，将"和乐"文化融入教育教学的方方面面，描绘"和乐"教育的美好蓝图。

（一）弘扬和而不同的"和乐"文化

协和幼儿园基于"和乐教育"，大力弘扬和而不同的"和乐文化"，具体内容如下：

（1）秉承核心文化，即和谐、和而不同的"和"文化。

（2）沿用园史性标识，传承并创新标识中所蕴含的教育含义。

（3）创新传统文化，定期开展"一庆"（园庆）、"二赏"（赏协和、赏岭南）、"三节"（科技节、欢乐节、体艺节）、"四实践"（感恩、安全、环保、推普）等活动，让师幼及家长获得由爱而乐、由健而乐、享美之乐、享玩之乐的体验。

（4）在环境与课程中渗透"小视窗大世界，大世界同庆节"的内容，让国际文化进入幼儿的视野，让幼儿从小感受国际文化的交融。

（二）创设协淳自主的"和乐"环境

"和乐"文化的凝塑犹如地平线冉冉升起的瑞气，让我们找到方向。在前行中，我们需要环境的熏陶，发挥环境潜移默化的育人功能，以增强前行的动力。为此，协和幼儿园创设协淳自主的"和乐"环境，其中，原有的室内外环境是根据原"和乐"课程内容板块对应创设的，如室外环境是从春、夏、秋、冬可变化的外墙着手，对应"和乐"课程养成教育中跟随四季传统节气变化进行养生保健的内容，室内环境中"衣、食、住、行"为主题的游戏空间则是对应四季节气保健中衣食住行教育。

随着"和乐"课程的不断丰盈，基于课程目标及内容，继续优化园所环境，推动班级一班一环境的创设。西村园区在原有环境基础上进一步发挥传统特色，并融入世界文化元素，打造具有"大中国、世界眼"的园所环境；岭南园区则融入信息化元素，推动岭南园区现代化环境的建设，打造充满"岭南情"的园所环境。只有环境与课程相吻合，才能真正实现隐性课程的教育价值。

（三）协力实施协规融畅的"和乐"管理

"和乐"品牌的背后，有着一段段耐人寻味的故事，绽放着"和乐"文化的魅力。置身于"映日荷花别样红"、书香满园创意浓的"和乐"教育环境中，协和幼儿园的教育举措应有与之相匹配的管理保驾护航，因此，协和幼儿园大力推行协规融畅的"和乐"管理。

1. 实施民主管理

定期开展三评（自评、园评、幼儿家长评）、三言（进一言、问一言、赞一言）、三巡（行政、保教、后勤）等活动，最大化地让家长和教工参与园所管理，对园人园事享有充分的知情权和评议、评价权。在管理的策略上，为追求"和乐"管理的实效，力求以目标管理的指向性促进各项工作的目的性，以计划管理的有序性促进各项工作的实效性，以层级管理的有效性促进齐抓共管的参与性，以制度管理的规范性促进依法执教的自觉性，以信息化管理的科学性促进管理的时代性与高效性，从而调动教工的工作热情。

2. 实施智慧管理

随着信息科学技术的迅速发展和普及，我们目之所及无不发现教育信息技术以其快捷活动、多维立体等独特的优势，在教育管理中发挥着重要作用。我们感受到智慧管理的实施势在必行。因此，协和幼儿园不断夯实计算机、视频、音频三网装备，构建了园本、家园、社区三方平台，自主研发了"和畅网管"信息化园本管理系统、"和乐快车"幼儿健康成长电子档案以及一系列的"和乐"课程教育软件，让"和乐"教育在信息化的教育背景下加快发展。在教育信息技术不断优化的发展态势下，协和幼儿园在后勤管理和教学管理中运用信息技术简化程序、提升效率，让信息技术更好地服务于教育。

（四）致力培育协爱善导的"和乐"团队

他山之石，可以攻玉。幼儿园的发展之路绝不可以一人独辟，更不该一人独行。所以，协和幼儿园全体教工共启愿景，致力组建协爱善导的"和乐"团队。

1. 立足园本培训

构建教师园本培训课程。课程内容注重思政与业务相结合，由"思政篇""保育篇""教育教学篇"组成，幼儿园定期开展"和乐研耕""我说协和幼儿园""师徒结对"等活动。同时，协和幼儿园增设"和乐·创坊"教师专业培训板块，推行个性化师资培养方案，提供园、区、市、省各级别讲座分享平台，以促教师思政与专业同步成长。

2. 办好家长学校

构建家长学校培训课程，课程内容主要是如何有效落实协和教育的"和乐"目标，从办园理念、幼儿园课程与实施以及与园课程相关的家庭教育的观念、方法、教法等方面，通过有目标、有计划地开展专题培训、亲子活动、家教进园等活动，增强家校合力。

第三节 "和乐·苗坊"课程文化特征

协和幼儿园在课程建设过程中，坚持课程创生取向，初步形成了课程创生取向的课程文化。紧抓当前"停课不停学"催生的幼儿居家学习的教育与发展需要，协和幼儿园积极行动，从幼儿好奇心、家庭感召力、社会影响力多方位思考，基于本园已有的《和乐共长》家庭教育课程，衍生发展成"和乐·苗坊"家庭教育新体系，焕发园本课程新活力。由此，"和乐·苗坊"课程表现出以下特征。

一、课程品牌体现时效性

"和乐·苗坊"课程的推出基于幼儿居家生活与学习的需要，是在协和团队的集体专业智慧下，深化协和家园联动课程品牌而形成的。

二、课程资源体现原创性

"和乐·苗坊"之"多彩生命树"，聚焦幼儿探究人类与生命的和谐共生关系；"宅趣棒棒屋"主题活动结合本园特色课程，以筋络保健、节气健康作为家庭生活教育内容，培养幼儿良好的自理能力和健康的生活习惯；"童言彩虹桥"开展线上见面会、家教心得分享等活动，促进幼儿心理健康，提高家长育儿能力，利用信息技术架起线上交流的桥梁，实现居家隔离期间的"家园合作"，形成"家家合作"；"童真家国号"侧重于树立各行各业奋斗中的职业榜样，激发幼儿立志、憧憬，萌发爱家爱国情怀。

三、活动设计体现科学性

根据幼儿年龄段、居家学习的特点及家长育儿指导需要，创设以符合幼儿直接感知、亲身体验、实际操作为特点的亲子互动活动，搭建幼儿学习、展示、分享的空中交流平台。

四、活动成果体现辐射性

通过"和乐·苗坊"一系列活动的实施，幼儿园在探索阶段创作了60余篇原创公众号推文，吸引了600多户家庭参与，推文浏览量均1000人次左右，同时帮助44所省内外结对帮扶园开展幼儿健康领域、生命教育内容的培训（其中贵州帮扶园42所，区内1所，片内1所），充分发挥优质教育资源的辐射带动作用。

第四章

"和乐·苗坊"的开花期

　　立足于"和乐·苗坊"课程构建的理念，协和幼儿园结合课程构建的理论和原则，结合幼儿年龄发展和学习发展特征，凝练了四大主题板块的课程内容，并通过实践的形式边做边总结、边总结边提炼，开始将"和乐·苗坊"课程作为线上教育资源推向家庭。

第一节　课程内容

　　3～6岁幼儿的学习具有模仿性、游戏性和实际操作性等特点，"做中学""玩中学"是协和幼儿园一直信仰的教学理念。学前教育界的先驱们在19世纪便告诉世人关于幼儿学习特点中直接感知和动手操作的重要性。幼儿用手摸、用眼睛看、用耳朵听、用鼻子闻乃至调动全身细胞去探索某一现象、解决某一问题，犹如在旅行中凭手抚摸大自然的鬼斧神工，用脚攀登陡峭而高耸的山峰，忽闻林间花香，又听流水潺潺。学习犹如旅行，这不仅是见闻的增加，也是精神的成长。

一、四大主题的内在联系

　　"修身、齐家、治国、平天下"出自《礼记·大学》篇，是儒家的重要政治思想。《大学》提出的"三纲领"（明明德、亲民、至善）和"八条目"（格物、致知、诚意、正心、修身、齐家、治国、平天下），强调个人道德修养与治国、平天下的一致性，主张以"修身"为中心，由近及远，由己及人，以此来逐步实现齐家、治国、平天下的理想境界。"和乐·苗坊"课程的"童真家国号""多彩生命树""童言彩虹桥""宅趣棒棒屋"四大线上教育主题活动涵盖了儿童生命成长、家庭生活、自然、社会等多个维度，分别对应"修身、齐家、治国、平天下"四个层次。

　　"宅趣棒棒屋"以劳动教育培养幼儿立身处世的良好品质。"修身"即以修身为本，是指坚持不懈地完善自己的道德人格，实现完美的人格和理想的道德境界，从而实现人自身的身心和谐，这是一个人立身处世的基本。社会是人类的社会,对于学前教育来说,幼儿的健康成长和德育是第一位的,身心的和谐既是幼儿道德修养的目标,也是实现家庭和谐、社会和谐乃至天下和谐的基础。协和幼儿园推出的"宅趣棒棒屋"教育主题系列正好对应这一维度,把焦点放在培养幼儿良好的自理能力、健康的生活习惯、良好的行为习惯和良好的道德品质上,通过劳动教育着重培养幼儿立身处世的能力。

"童言彩虹桥"以健康教育架起家校合作的桥梁。"齐家"即实现家庭的成长和内部和谐,"齐家"被包含在"治国"之中,即所谓"家齐而后国治"。修身主张实现个人身心的和谐,在个人身心和谐的基础上进而逐步实现人际关系的和谐,而要实现社会这个大群体的和谐,首要的就是其组成单位——家庭内部的和谐和成长。换句话说,就是只有齐家才能治国,即在修身的基础上,实现家庭内部的和谐,再从家庭这个小群体的和谐扩展到社会这个大群体的和谐。因此,协和幼儿园推出的"童言彩虹桥"通过各种信息技术架起幼儿园与家长合作的桥梁,使双方共同促进幼儿心理健康的发展,实现居家隔离期间的家园合作、家家合作,既促进家庭的成长和内部和谐,又促进幼儿的健康成长。

"童真家国号"以爱国教育激发幼儿爱国爱家之情。"治国"即构建社会的和谐。儒家认为,社会的和谐稳定离不开社会秩序的和谐,社会秩序的和谐需要通过明确人们各自的职责来维护社会的安定。因此,协和幼儿园推出的"童真家国号"侧重于树立各行各业奋斗中的职业榜样,讴歌职业榜样的高度责任感和奉献精神,并以此激发幼儿爱国爱家的情感。

"多彩生命树"聚焦人与大自然和谐共生的关系。"平天下"即实现人与人、人与社会、人与自然之间的和谐共生,是儒家和谐理念的最高境界——以普天之下个人的自身和谐为基础,通过家庭和谐、社会和谐,达到天下和谐。协和幼儿园借鉴儒家修齐治平的治国模式,取其于当今和谐社会、和谐世界的现实价值,推出"多彩生命树",聚焦人与大自然如何保持和谐共生的关系,使幼儿从小养成保护生态的意识。

二、四大主题选题原则

协和幼儿园"和乐·苗坊"家庭教育课程的四大板块主题的选择遵循以下原则。

（一）关联性

关联性是指与原本课程的关联性。家庭教育主题课程是园本课程的重要组成部分，其改革离不开对原有园本课程的继承与创新。"和乐·苗坊"家庭教育主题课程脱胎于"和乐"课程，不论是关注幼儿与自然的主题"我和春天有个约定""守护动物，和苗发声"，还是关注幼儿与社会的"童真家国号出发啦""互助小号角吹响啦"，都清晰可见新课程与原有园本课程的连接。任何新课程的诞生都不是对原有课程的全部否定，而是站在巨人的肩膀上，借助前人之经验的螺旋式上升。

（二）时效性

在特定的时期推送相关主题活动，主题融合节日、特殊时期、节气，能够强化幼儿对主题的认识。例如，居家隔离期间，协和幼儿园围绕"守护动物，和苗发声"（保护动植物）、"和苗科学家上线啦"（制作健康码）、"小鬼当家"（做家务）等主题开展活动，这些主题放在居家学习的特定时期，不仅能激发幼儿探索的好奇心，还能得到家长的支持，引发家长的共鸣，进而更好地发挥主题的价值。再如，中国传统二十四节气，具有很强的时效性，在小暑节气的前后推送主题"'和'苗度小暑"，及时调动幼儿的生活经验，让幼儿在用眼看、用手做、用嘴说的过程中建构对"小暑"的认识，使学习与生活相衔接。

（三）居家需求性

不同于幼儿园的学习环境，幼儿居家学习会受到多种因素的限制，如材料不足、空间有限、无人指导、缺少及时反馈等。如何化不利因素为发展契机，需要教师从与幼儿息息相关的生活中找寻有关的素材，利用幼儿在生活中可接触的自然现象和社会环境，筹备符合居家操作的、符合主题的活动。

（四）信息技术性

当代儿童是在信息技术高速发展的时代成长的，信息技术是一把可以为教育所利用的"双刃剑"。我们制作问卷了解家庭的教育需求、制作与"和乐·苗坊"家庭教育课各主题相关的微视频和微课、通过微信公众号发布活动指引、利用腾讯会议进行线上见面会和"和苗分享屋"活动……通过多元化的信息技术手段，使主题活动适应信息化时代幼儿学习发展的需求。

三、解密四大板块

为满足幼儿居家生活与学习及家长育儿能力提升需要，"和乐·苗坊"家庭教育课程以顶层设计延伸到具体活动的发展，综合考虑幼儿兴趣和身心发展特点以及成长的需要，在四大主题活动的每个板块下设置不同主题，分别引导家长和幼儿进行学习。四大板块主题生成如下。

（一）种下多彩生命树，聚焦生命和谐相处

生命教育是教育的永恒主题与终极追求，"生命高于一切"的价值观是生命教育的重要内容。重大校园公共卫生事件的发生使得每个人都深入思考生命的意义，"生命教育"成为教育的高频词。作为家庭教育基地，协和幼儿园再度审视生命教育的真谛，携手家庭共同开展生命教育、生态环境教育，通过"我与春天有个约定""保护野生动物""守护地球"等一系列主题教育活动，培养幼儿热爱动植物、珍爱生命的情感和能力，引导幼儿感悟个人的生命与植物、动物、地球紧密联系的崇高意义。

1. 聚焦生命，始于自然

当忙碌的工作与生活被迫归于平静，人们不得不重新思索人与自然如何保持和谐相处的关系。习近平总书记曾说："像保护眼睛一样保护生态环境，像对待生命一样对待生态环境。""杀鸡取卵、竭泽而渔的发展方式走到了尽头，顺应自然、保护生态的绿色发展昭示着未来。"重大校园公共卫生事件激发每一个人深思人类与自然的关系。在整个生态系统中，动植物同人类一般，都是世间生灵。当保护大自然成为你我肩上的责任时，无论是成人还是幼儿，都应该为保护自然而努力。生命教育成了热门话题，更是当下幼儿教育的重中之重，对幼儿开展生命教育迫在眉睫。

以幼儿为教育对象的生命教育该从何处突破？教育是为改变每一个人而付

出的最有意义的劳动。在陶行知先生看来，生活就是最好的教材。那么如何利用这"最好教材"中的热点话题，展开一场既与大自然相关又让生命出彩的教育活动呢？基于已确定的生命教育主题，如何确定主题课程框架？以怎样出彩的方式开展？以什么样的内容填充？以怎样的标准评价？种种困惑着实曾一度困扰着课程研发小组的每一位成员，而正是这种种困惑，为师幼共长之美丽征程增添了道道亮丽风景。

春天是生长的季节，是希望的季节。结合重大校园公共卫生事件与可持续发展的需求，协和幼儿园课程研发小组决定以"保护身边的大自然"为突破口，聚焦人与大自然之间如何保持和谐共生的关系，以培养幼儿保护生态的意识为目标，调动家长群体的中坚力量，开启了一场向往真善美的生命教育之旅。在生命教育课程研发的第一次会议上，负责研发课程的小组组员仍然有些不知所措。在协和幼儿园园长的指导下，小组组员渐渐摸索清楚整个课程架构的系统性、可持续性和区域辐射性，明确了课程的整体定位。在"多彩生命树"第一期主题活动的研讨过程中，为了最大限度地调动幼儿和家长的参与积极性，协和幼儿园课程研发小组考虑到幼儿学习特点的因素及当下居家生活的环境因素，通过多次探讨找寻大量的素材，最终决定将有广州荔湾本土特色的木棉花和富有春天气息的风筝作为媒介，正式启动"和乐·苗坊"课程项目中的主题"多彩生命树"。

做真正适合幼儿发展的课程。"多彩生命需要你我保护"，但一句保护自然的口号于幼儿而言，只是平平淡淡的一句话，教师需要将其物化、仪式化，使幼儿在动脑、动手中累积经验，以此强化幼儿的认识。因此，在主题"多彩生命树"的启动项中，小组教师从幼儿天生具有好奇心、爱心感召力、社会影响力等多角度展开思考，在小组教师思维的碰撞下，明确以风筝为信物，调动幼儿、家长、教师共同发出"守护身边的大自然"的美好约定，引导幼儿承诺为大自然贡献自己的一分力量。活动开启后，幼儿纷纷在家中搜集各种材料，在家长的帮助下，亲自制作材料各异、五颜六色的手工风筝，并且在风筝上写下了小心愿。有的幼儿和家长在天台尝试放飞风筝，有的幼儿约上哥哥姐姐手举风筝在院子里奔跑，有的风筝似乎并不能飞起来，但幼儿依旧笑得天真烂漫。家长则用手机记录下幼儿放飞风筝的情景并发到班级微信群里。这样的分享不仅是某一个幼儿的学习记录,也是不同家庭间相互鼓励、相互学习的片段。

主题"多彩生命树"成功启动后,我们紧锣密鼓地构思具体的"指引"。基于幼儿发展特征,为了让幼儿在直接感知、亲身体验、实际操作中理解和认识生命教育,协和幼儿园教师对"约定"内的活动再次展开深入具体的思考,从教育的输入和输出两个维度出发,初步明确认知模块、实践模块和创造性表现模块的教学活动和内容。确定三大模块后,教师迅速调动各层级的力量,分别在遵循本班级幼儿年龄段发展特征的基础上,构想五大领域活动内容。在全体教师的共同努力下,各层级的五大领域活动初见规模。经过共同探讨研究,我们发现,居家隔离期间的家庭教育指引不能再像面对面教学那样按年龄特征设计活动方案,而是要综合考虑到幼儿居家活动的环境因素,因此需要在宏观的角度把握全园的指引。由此,以幼儿园公众号发布的指引最终确定为一个生动的语言活动、一个神奇的科学活动以及一个创造性的绘画活动,活动分别对应认知模块、实践模块和创造性表现模块。

2. 主题案例

在"和乐·苗坊"之"多彩生命树"课程板块中,2020年3月3日(周一),协和幼儿园以家园同一时空下约定"同放风筝"的新颖形式隆重启动"多彩生命树"之"我和春天有个约会"的主题板块,发出"守护身边的大自然"任务单;在周三的实践过程项中,协和幼儿园呈现幼儿在家长的陪伴下,开展呵护大自然以及在大自然中认知、实践和创作的行动,如幼儿照顾身边的动植物、画一画保护环境的图画、说一说保护环境的宣传语或是唱一唱关于环保的歌曲等;在周五总结展示项中,协和幼儿园以"保护大自然你我共'肩守'"为主题反馈幼儿与家长的活动成效,及时记录与宣传家园共育成果,并辐射到社会,同时让幼儿以视频方式向哥哥姐姐、叔叔阿姨、爷爷奶奶发出"保护大自然"的倡议。通过一周的活动开展,课程吸引了幼儿园600多个家庭近千名师幼参与其中,他们共同发出了"守护身边的大自然"的美好约定,承诺为大自然贡献自己的一分力量。

📖 **案例1**

"多彩生命树"之"我和春天有个约定"

重大校园公共卫生事件的发生，让我们每个人都变成了小勇士，爸爸妈妈在家里办公，小朋友在家里学习，我们用行动一起战斗。协和幼儿园的园长妈妈和教师用心策划小朋友居家学习与生活的家园课程指引，让我们小朋友的宅家时光变得更加有趣、更加精彩。

一、约定之源：和乐·苗坊

每个小朋友都是一个独特的个体，他们就像一株株小"和"苗，需要阳光、空气、雨露的滋养，他们的成长需要家长、教师、社会的关怀与陪伴。如此，我们的小"和"苗才能向阳而生，慢慢变成一棵能爱护自己、呵护家人、保护国家、守护自然的参天大树。协和幼儿园是小"和"苗成长的沃土，这里有不同的成长小苗坊，小"和"苗可以体验不同的成长喜悦，在滴答滴答的时光里，长成一株株"和而不同，乐学乐创"的健康小"和"苗。而这就是我们为小朋友设计的家园新课程指引——"和乐·苗坊"，每一个小苗坊里都蕴藏着丰富的小问题、小挑战、小惊喜，期待每一位小"和"苗都到"和乐·苗坊"看一看、做一做、赏一赏！

二、约定之启·多彩生命树

早春的和乐园，春意盎然。看，和乐园内一片安宁祥和。小鱼儿自由自在地嬉戏着；小乌龟三三两两地沐浴着阳光；嫩绿淡粉的花花草草，点缀着晶莹剔透的水珠儿。动植物需要我们精心呵护才能健康成长，在小朋友未返校的时间里，姚园长妈妈带领教师们精心地呵护它们、守护它们，并以风筝为信物，与春天共约定——"守护身边的大自然"。让我们向着天空放飞风筝，让那约定同风筝飘到春天的每一个角落，感召大家共同守护身边的大自然。记录着约定的风筝在空中徐徐飞翔。由此，"和乐·苗坊"之"多彩生命树"正式启动！

园长妈妈在幼儿园里照顾我们的小动物、小植物。瞧！居家小"和"苗们也在家里当起了小动物、小植物的"爸爸、妈妈"，有的请小植物"喝水"，有的给小植物"剪头发"，有的给动物喂食物，有的抚摸小动物的身体。小

"和"苗们沉浸在照顾动植物的活动中，忙得不亦乐乎。

还有小"和"苗想像园长妈妈一样，对小动物、小植物许下照顾的小约定，写在风筝里。于是，奇思妙想的小"和"苗寻找家中适宜的材料，与爸爸妈妈一起做起了风筝，并小心翼翼地将小约定记在风筝上。面向风的地方，一个个记录了小朋友爱的约定的风筝徐徐飞起，仿佛飞向了幼儿园、飞向了大自然。

三、约定之行·守护大自然

"生，如夏花之灿烂"，生命，是大自然对人类最公平的馈赠，一人只有一次生命，失去便永远失去。重大公共卫生事件的发生，使我们深深体会到要保护好自己的生命，也要为了他人的健康生存做出自己的努力，更要敬畏生命，与大自然和谐相处！

今日春光正好，今日微风习习，今日和乐园春意盎然、勃勃生机。亲爱的孩子们，让我们与这个美丽的春天相约，相约善待多彩生命，相约健健康康地会面！

四、履行约定：我是大自然的好朋友——协和幼儿园西苑园区小四班

鲁迅先生《风筝》中的风筝（图4-1-1）。

象征着孩子的童真、天真和美好！

图4-1-1　一起做风筝

大自然是我们共同的家园，

我们要一起守护她。

在风筝上写下好好照顾小花小草的约定（图4-1-2）。

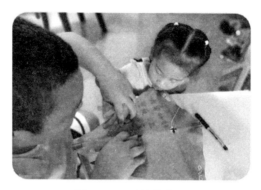

图4-1-2　写风筝寄语

放飞风筝，

愿我们都能遵守约定，

做大自然的好朋友（图4-1-3）。

图4-1-3　放飞风筝

守护大自然，

当然少不了我们的行动（图4-1-4）。

图4-1-4　田间种菜

特殊时期，

我们不能外出，

那就从照顾家里的小植物开始吧！

小植物，小植物，

你要多喝点水，

多晒点太阳。

慢慢地，

你就会越长越高哦！（图4-1-5）

图4-1-5　浇花

小动物也是我们的朋友，

它们像小朋友一样可爱。

爱吃东西、爱睡觉，

还爱玩耍，

我们和小动物会成为好朋友的，对吧？（图4-1-6）

图4-1-6　养小动物

花香鸟语，

草长莺飞，

都是大自然的语言。

我们一起用心聆听大自然的话语吧！

静静地观察自然界细微的变化，

我们会发现植物生长，

动物生长，

以及每天的天气、温度、风力、风向，

都是大自然的脉动。

说不定，

我们会发现大自然中的小惊喜和小秘密哦！（图4-1-7）

图4-1-7　欣赏大自然

📖 案例2

"多彩生命树"之"红色故事，有声有色"

在大一班"小和苗"当中掀起了一股学习红色经典故事的风尚，他们通过收集、绘制红色故事小绘本，在心中种下了"英雄"种子！

一、亲子品读红色经典

走进红色经典，弘扬中国精神。"小和苗"在家和爸爸妈妈一起，翻开一本本红色绘本，沉浸在红色经典故事中（图4-1-8）。

图4-1-8　阅读红色绘本

二、动手绘制红色绘本

每个人都有自己心目中的英雄，

对英雄的崇拜是人类永恒不灭的情怀。

英雄，不只是一个模样，

是力挽狂澜的有志之士，

是冲锋陷阵的无畏勇者。

英雄代表智慧，代表健壮的体格，

代表坚持不懈的精神，代表一切正义和真、善、美……

在每个"小和苗"心中，都有一个英雄的模样。

不信，你看（图4-1-9）。

图4-1-9　绘制红色绘本

三、校园传诵红色故事

在罗老师的带领下，大一班的"小和苗"聆听了故事《纪念碑下的小花》和《小英雄雨来》。瞧！"小和苗"听得多专注呀！生命的种子代代相传，烈士们的精神永垂不朽！（图4-1-10）

图4-1-10 传诵红色故事

周五，"小和苗"们将进行红色绘本故事分享会，书韵飘香满协和，期待"小和苗"用清澈的爱，有声有色地传诵红色故事！

（二）探秘宅趣棒棒屋，弘扬劳动教育精神

幼儿劳动教育是幼儿德育内容之一，旨在培养幼儿热爱劳动、尊重人民劳动、端正劳动态度、养成劳动习惯的良好品质。"和乐"特色课程中的养成教育充分挖掘生活资源，培养幼儿良好的生活习惯和自理能力。因此，基于幼儿居家生活和成长需要，协和幼儿园将养成教育延伸到宅家生活教育中，启动"和乐·苗坊"之"宅趣棒棒屋"主题模块。

1.聚焦劳动，习惯养成功夫多

作为学前教育工作者，要把对幼儿劳动观念的培养作为重点工作，对幼儿进行潜移默化的劳动教育，使幼儿有劳动的渴望，知道劳动是光荣的。那么，如何将劳动教育融入生活呢？协和幼儿园启动了"宅趣棒棒屋"主题模块。

"宅趣棒棒屋"注重弘扬坚持、创新、奉献的劳动教育精神，向家长推送培养幼儿养成卫生生活习惯、居家劳动、宅家运动的活动指引并开展针对幼儿宅家锻炼的主题讲座，共同引导幼儿坚持每日劳动和运动，养成劳动和运动习惯，形成严谨认真、持正守度、乐于服务的劳动品质。

针对"宅趣棒棒屋"主题模块第一期的主题内容，小组教师进行了深入的思考和探讨，最终确定了整个主题活动围绕美食、劳动、运动、安全等四个方面的内容展开。考虑到新颖性的原则，小组教师首先以美食为切入点，通过设计菜谱、亲子厨艺、美食吃播、洗碗比赛等形式来启动生活习惯的板块。在随后的第二轮苗坊讨论会中，小组教师吸收了集体的智慧，将美食归纳到劳动之中，以劳动教育为钥匙，解锁"宅趣棒棒屋"的主题活动。在明确第一期的主题内容后，小组教师开始思考：怎样才能突出内容的"趣"呢？经过一场又一场的头脑风暴后，小组教师最终选定了"小鬼当家"作为启动项目的主题，选定功夫熊猫作为"宅趣棒棒屋"的形象代言人——憨态可掬的功夫熊猫通过自己不懈的努力和奋斗，最终练就高超的武艺。小组教师期望幼儿在家中能像功夫熊猫一样，不怕困难、勇敢挑战、历练自我，在亲身劳动中获得成就感和喜悦感。

（1）项目启动。

在启动项目时，小组教师设计以功夫熊猫向幼儿发挑战书的形式呈现，利用两个生动活泼的动画视频激发幼儿劳动的兴趣和挑战的欲望。同时，教师对"宅家功夫挑战书""宅家任务小揭秘""宅家挑战乐参与"三个小标题进行阐述。当天公众号的视频得到了幼儿和家长的喜爱。虽然视频很短，两个视频加起来一共只有1分49秒，但这背后却凝聚了整个团队几个日夜的奋斗。小组教师在无数次通话中推敲出视频的每一句台词和每一个画面。随后，小组教师发动家长搜集视频素材，搜集完成之后进行筛选，再发送给技术人员进行剪辑制作。视频的初稿完成后，小组教师又是一遍遍地修改，不断地去丰富和完善视频。就这样，在小组教师与家长的密切配合之下，视频最终得以完美呈现。

此外，在视频制作的过程中，小组教师遇到了配音不够有趣的问题。刚开始视频的配音用的是女教师的声音，但因为是女声，跟功夫熊猫的角色不匹配。软件自带的朗读声音，听起来又很僵硬。最终，这个问题的解决要感谢幼儿园卢主任的儿子。小小年纪的他在配音方面很有天赋，他用夸张的语言和语调，将功夫熊猫演绎得活灵活现，给整个视频增添了无穷的乐趣。

（2）项目推送。

启动项目完成之后，小组教师又迅速投身于推送项目的研究。经过研究，小组教师最终确定推送三个宅趣小秘籍——拍打穴位保健康、清洁地面有方法、参与劳动快乐多。内容的搜集工作进行得很顺利，小中大三个年级的家长很快就将资源提供上来。在公众号后台编辑的过程中，小组教师遇到了一个多图模板复制不进去的问题。经过好几个小时的反复摸索，通过在网上查阅资料，小组教师终于发现了原来是浏览器的原因，在更换了浏览器之后，终于将周三的推送项目顺利完成了。

（3）项目完成。

在经过一周的挑战后，小组迎来了周五的收尾项。小组教师为幼儿精心搭建了宅家功夫的小擂台。除了呈现幼儿十八般家务样样精通之外，小组重点凸显协和幼儿园的经络保健操特色和广东靓汤的饮食文化特色，并融入感恩教育，活动充满人文情怀。在最初的设计中，小组教师将广东靓汤放在第一个部分，后来经过讨论，调整了顺序。调整之后的顺序是："终极大比拼""传承经络操""靓汤送温暖"。这样的顺序更加有逻辑性和层次性。在周五的视频制作中，遇到的一个突出的问题是素材过多，导致视频时间过长。小组教师开始重新删减、排版，进行了反复的打磨，小组教师甚至剪辑到深更半夜。星光不负有心人，终于，小组教师以精彩的视频给第一期的"宅趣棒棒屋"画上了一个圆满的句号。

好奇心是促使幼儿学习的强大驱动力。"宅趣棒棒屋"主题活动源于幼儿的生活，活动内容的生活性是幼儿看得见、摸得着、感兴趣的，满足了幼儿的学习特点。在家长和教师的指引下，幼儿全身心积极参与到家务劳动中，主动学习，解决了不会劳动、缺乏劳动意识的实际问题，幼儿的学习在真正发生。

在"宅趣棒棒屋"主题活动中，幼儿勤劳肯干、苦练各种劳动技能，到如今已是十八般"家务"样样精通。通过劳动体验，幼儿深刻感受到父母及他人的辛苦，从而懂得珍惜劳动成果，培养了热爱劳动、尊重劳动人民的思想感情，劳动素养得到了提高。

2. 主题案例

以"和乐·苗坊"之"宅趣棒棒屋"第一期主题"小鬼当家"的实践为例。在周一"讨论—计划日"的启动项中，小组教师设计了以功夫熊猫向幼儿发挑战书的形式，发出"宅家功夫挑战书""宅家任务小揭秘""宅家挑战乐参与"等任务单，激发幼儿劳动的兴趣和挑战的欲望。在周二至周四的"实践—体验日"中，家长带领幼儿坚持做经络保健操、学习各种劳动技能。同时，小组教师在微信公众号相应推出了"拍打穴位保健康""清洁地面有方法""参与劳动快乐多"三个宅趣小秘籍，给予家长专业的教育指导。在周五的"展示—小结日"的反馈项中，小组教师精心搭建宅家功夫的小擂台，通过"家务终极大比拼""传承经络操""靓汤送温暖"三个部分展现幼儿的学习成果。在课程实施的过程中，家长以身作则、亲自指导，主动成为幼儿学习的引导者、支持者、合作者和经验分享者，主动地参与到家园共育中去。

📖 案例3

"宅趣棒棒屋"之"小鬼当家"

重大校园公共卫生事件的发生导致小朋友们宅在家中不能出门，这段日子会不会很难熬？小朋友们是不是天天在家看电视、玩手机？当爸爸妈妈口中的"小神兽"？如何在这个非常时期，让小朋友们"宅"得有意义，"宅"得有乐趣，"宅"得有进步呢？

一、宅家功夫挑战书

小朋友们，今天我们收到了一封宅家功夫挑战书，快点击视频看一看吧！（图4-1-11）

图4-1-11　收到宅家功夫挑战书的兴奋的小朋友们

二、宅家任务小揭秘

挑战书里有哪些宅家小任务呢？让我们仔细瞧一瞧！（图4-1-12）

图4-1-12 宅家功夫挑战书

小"和"苗们可不怕，欣然接受了挑战。他们通过勾选或者画画的方式选出了自己想挑战的宅家小功夫（图4-1-13）。

图4-1-13 挑战宅家小功夫

三、宅家挑战乐参与

小朋友们人小"鬼"大，信心十足，相信他们会磨炼出一身厉害的"宅家功夫"！敬请期待！

小"和"苗们，原来宅在家中也有很多的乐趣，自己的事情自己做，为家人分担力所能及的家务活，体验劳动的快乐，做一个有责任感、能自理、爱劳动、会生活的小"和"苗吧！小朋友们，快快行动起来吧，争取早日能够"小鬼当家"！

📖 案例4

"宅趣棒棒屋"之"关爱环境小先锋"

一、保护环境，从我做起

绿水青山就是金山银山。美丽的自然环境是地球妈妈赠予人类的一笔宝贵财富。保护环境，从我做起。小"和"苗要身体力行地在生活和学习中做到保护环境，关爱美丽家园，共同守护这笔生存财富。

二、节能妙招，我先行

保护环境，节能先行。周三时，向小"和"苗介绍了许多关于节能环保的小妙招。节能并不是一句口号而已，我们的小"和"苗已经积极行动起来了。节能减排，共享绿色生活。

三、垃圾分类小卫士

垃圾分类，小"和"苗有话说。让我们一起看一看、听一听他们的垃圾分类宣传（图4-1-14）。

图4-1-14　垃圾分类宣传

四、变废为宝，习惯成自然

变废为宝。在创意行动中，小"和"苗在爸爸妈妈的帮助下，搜集了各种废旧物品，积极发挥自己的想象力和创造力，动手制作了创意十足的手工作品，表达了他们保护环境、共创文明的决心（图4-1-15～图4-1-17）。

图4-1-15　小班小"和"苗为水里游的动物发声

图4-1-16　中班小"和"苗为地上行的动物发声

图4-1-17 大班小"和"苗为天上飞的动物发声

地球只有一个。我们要同呼吸、共责任、齐参与,共同守护美丽地球。保护环境的种子已经发芽,我们的每一次环保行动都是它的绿色营养,让我们在生活中持之以恒地养成保护环境的好习惯,使这颗种子苗壮成长,共创绿色童年、绿色未来(图4-1-18)。

图4-1-18 小"和"苗制作环保宣传片

（三）架起"童言彩虹桥"，关注心理健康有你有我

"童言彩虹桥"作为"和乐·苗坊"板块之一，是推动家园合作最密切的桥梁。"童言彩虹桥"主题板块聚焦心理健康，通过信息技术搭建沟通师幼、幼幼、家幼的"见"你、"念"你、"相"你之桥，打破时空壁垒，促进了"家园合作""家家合作"，让幼儿和家长的精神"生命"得到关注，使他们树立乐观积极向上的生活态度。

1. 聚焦心理健康，爱"苗"护心"晴"

"童言彩虹桥"是"和乐·苗坊"家园教育课程的其中一个板块，指向心理健康教育。语言既是沟通的桥梁，也是心理状态外显的一个标志。通过语言，我们能了解人们的内心世界。彩虹有七色，代表着人的心理状态多样。语言和心灵的沟通汇成一道彩虹，连接幼儿园和家庭。随着人们对心理健康越来越重视，幼儿和家长的心理健康情况也备受关注。尤其在居家隔离期间，人的内心难免会产生一定程度的焦虑。长时间的宅家导致亲子关系面临着新的挑战与考验。由此，协和幼儿园希望通过"童言彩虹桥"紧密联系幼儿园与家庭，让幼儿的心理健康得到重视，并找到让幼儿表达自己想法和内心的渠道和方法。

（1）"童言彩虹桥"之基础搭建——"隔空言爱"。

"隔空言爱"是"童言彩虹桥"的启动项目。童言和稚语是美妙的语言，幼儿小小的心里装满了奇思妙想，就像彩虹般五彩缤纷。病毒隔离了幼儿与教师、小伙伴，让他们对教师和小伙伴以及校园生活产生了思念之情。因此，幼儿有了表达和分享的需求，有了向教师和小伙伴倾诉的愿望。对于家长来说，他们面临着"停学不停课"和宅家办公等新的生活方式、新的教育方式、新的工作方式等挑战。有的家长借此机会，积累育儿趣事和经验；有的家长面对各种挑战而手足无措。"隔空言爱"正好满足了幼儿和家长的这些需求，让他们可以借助这个平台表达自己的所思所想。

"好朋友见面会"。在设计"童言彩虹桥"的启动项目时，小组教师多次讨论、反复修改，结合日常生活中的体会，发现微信是大部分人隔空交流最常用的渠道。因此，在考虑传达"隔空"这个概念时，教师选择从微信聊天着手。家长和大部分幼儿都会使用微信语音交流，所以教师制作了一段幼儿使用

微信语音交流的视频片段来吸引幼儿关注隔空交流的"场地"。但是，微信不是幼儿交流的唯一"场地"和方式，于是教师又制作了一段动画，内容是关于一位可爱的教师激发幼儿自主选择分享的途径和分享的内容。

"苗坊家庭分享屋"。"苗坊家庭分享屋"是家园合作的重要形式之一，教师以科研的态度和方法认真对待调研，使其不断发展。在"童言彩虹桥"板块启动之前，为了解家长在居家隔离期间亲子教育的情况和需求，小组教师设计了面向家长的线上问卷，主要了解家长陪伴孩子的主要方式，了解居家隔离下家长最关注的教养问题和在亲子陪伴中所遇到的困惑和困难，同时了解家长希望通过哪些渠道和途径获得亲子教育方面的指导。经过调查之后，小组教师将"苗坊家庭分享屋"作为家园沟通的重要桥梁，为家长之间进行育儿交流提供平台和机会，并确定从幼儿宅家生活习惯和学习习惯两方面，通过腾讯视频会议的方式把"苗坊家庭"链接起来。为了让家长能真正地以分享者的身份分享育儿心得和经验，小组教师在板块的最后提供了"苗坊家庭"分享者招募的二维码，诚意邀请家长以主人翁的身份积极参与分享。针对家长关注的问题和"苗坊家庭分享会"家长招募的实际情况，教师开展了多场分享会，包括"如何带娃宅家做体育锻炼""幼小衔接中引导幼儿阅读的好方法""家庭中如何培养幼儿专注力"等，并将分享会的主要内容和互动环节剪辑合成，供家长回顾。例如，在"幼小衔接中引导幼儿阅读的好方法"分享中，家长在聊天区里提出的很多有关亲子陪伴、幼小衔接的问题，关注度十分高。教师收集资料后，详细地回应了家长的提问。同时，"家长云分享"是线上教育的一种新尝试，它发挥了云端沟通的优势，整合了各方资源，打通了家长之间的沟通桥梁，让家庭的教育资料能更有效、更高效地影响其他家庭，实现"家园合作、家家共育"。

此外，小组教师以"温馨与沟通"为理念，设计出了"苗坊家庭分享屋"的标识。在设计板块时，为了让家长了解"苗坊家庭分享屋"的模式，小组教师制作了一幅多人通过手机视频联系的图片，让家长通过图片直观地了解"苗坊家庭分享屋"的线上沟通模式（图4-1-19）。

图4-1-19 "苗坊家庭分享屋"标识

（2）"童言彩虹桥"之桥梁搭建——以"桥"会友。

除了微信以外，还有多种信息媒介可以使用。经过讨论后，教师明确以视频、音频和图片作为交流手段，并将手机上对应可供使用的软件——腾讯会议、手机录音、美图秀秀分别起名为"见你""念你""相你"。

"见你"——"见你"，顾名思义是"看见你"，师生和家长通过视频可以看到彼此。在宅家工作的这段时间里，小组教师认为腾讯会议是一款相对简单和功能比较齐全的视频沟通软件。它能承载300人同时在线见面，能够满足一个班的教师和幼儿同时在线沟通；它能共享屏幕，可以满足家长的分享功能；它有全体静音功能，可以保持会议秩序；等等。因此，小组教师在"好朋友见面会"和"苗坊家庭分享屋"的活动中决定使用腾讯会议软件。

"念你"——"念"既有思念之意，也有"念给你听"之意。幼儿可以通过手机录音功能，用语言传达自己对幼儿园、教师和小伙伴的思念，以及自己的所思所想。使用语音而不使用视频，是因为语音不但能使人集中注意力去倾听他人的声音，更能感受说话人想表达的感情。

"相你"——"相"包含了相片和同音字"想"的意思。通过日常观察，教师发现幼儿对美图秀秀中的贴纸功能里各种可爱的贴纸感兴趣。在居家隔离期间，幼儿和老师、小伙伴们即使在同一城市也不能相聚见面，通过相片看一看，能让幼儿看到彼此生活的地方与发生的趣事，把想说的话用文字表达出来，令相片更富有趣味、充满童真。因此，在美图秀秀众多功能中，小组教师选择贴纸和文字功能来美化相片。

同时，为了让幼儿能通过这些软件与教师、小伙伴有效交流，在父母的协助下就能达到沟通和交流的目的，我们制作了腾讯会议、手机录音和美图秀秀的使用教程视频，让幼儿和家长直观地学习软件的使用方法。这些软件成了幼儿和家长在线上与他人交流的桥梁。

2. 主题案例

📖 案例5

"童言彩虹桥"之"隔空言爱"

在"停课不停学"的这段时间里，小朋友们不能回到熟悉的幼儿园，看一看亲爱的老师，抱一抱可爱的小伙伴们，小朋友们一定很想念他们吧！你们是不是很想把自己的想法告诉他们呢？爱是我们共同的语言，隔空不隔爱。小朋友们，把你们的想法大胆地表达出来吧！家长每天和小朋友在一起，有快乐的时光，也有苦恼的时候。家长们来"苗坊家庭分享屋"一起分享育儿心得，一起来一场"隔空言爱"吧！

童言和稚语是美妙的语言，孩童小小的心里装满奇思妙想。长大后，心大了，心里的色彩更丰富，就像彩虹般五彩缤纷。如果美妙的语言跳跃过彩虹桥，桥另一端的你，是否也能听得见？

一、"好朋友见面会"

老师想念小朋友们了，小朋友们是否也想念老师和小伙伴们了呢？让我们一起相约在"好朋友见面会"吧！把你们的想法告诉老师和小伙伴们吧！（图4-1-20）

图4-1-20 "好朋友见面会"

二、"苗坊家庭分享屋"

自从孩子来到这个世界后，家长开启了"升级打怪"模式。有的家长，在和孩子共同经历了无数个快乐和烦恼的时刻后，逐渐积累了为人父母的经验；有的家长，每天看见孩子就头皮发麻，在教育孩子的问题上手足无措。"苗坊家庭分享屋"邀请家长们互相交流有趣的育儿小故事，探讨科学的育儿方法（图4-1-21）。

图4-1-21 "苗坊家庭分享屋"

如果你有育儿趣事，

如果你有亲子教育心得，

如果你想分享和交流，

扫一扫以下二维码（图4-1-22）。

图4-1-22 "苗坊家庭分享屋"分享者招募

"苗坊家庭分享屋"邀你来，

期待你成为"苗坊家庭分享屋"的一员！

满满亲子教育干货等你来，

敬请期待！

113

彩虹桥端相约定，

彩虹桥上心连心。

亲爱的小朋友们，

期待与你在"好朋友见面会"相遇！

亲爱的家长们，

欢迎您进入"苗坊庭分享屋"！

我们不见不散！

📖 案例6

"童言彩虹桥"之"和乐爱汇彩虹桥"

本周举办的"和乐·苗坊"之"隔空言爱"活动，让小"和"苗和大"和"苗们都有了自己表达的小天地。小"和"苗们参加了"好朋友见面会"，用视频、语音和图片分享了自己的思念和想法；大"和"苗们进入了"苗坊家庭分享屋"，相互探讨育儿经验，沟通育儿轶事。我们一起来听一听、看一看"和"苗们是如何在"彩虹桥"上会友的吧！

七彩"和"苗相聚首：

隔空不隔爱，暂时不能面对面相见的小朋友们通过老师们搭建的"科技彩虹桥"进行"会面"了。

一、思想不如相见

小朋友和老师、小伙伴们通过摄像头来了一场隔空见面会，互相诉说着自己遇到的趣事和学会的新本领（图4-1-23）。

图4-1-23　隔空见面会

二、想念的声音

听一听小朋友的童言稚语。小朋友都和老师、小伙伴们说了些什么话？这些软软萌萌的声音，实在是太可爱了！

三、七彩万花筒

每一位小朋友的生活都是多姿多彩的，就像奇妙的万花筒。我们通过相册来看一看你我生活的地方与身边发生的趣事吧（图4-1-24）。

图4-1-24 分享多姿多彩的生活

（四）开启"童真家国号"，守家卫国心系天下

家是最小国，国是千万家。每个人的生命体验都与家国紧密相连。家国情怀板块旨在激发幼儿爱家、爱国、懂得感恩的情感，弘扬履行个人的职责与担当使命的精神，彰显道德教育的价值。

1."大国"小家，你我坚守

协和幼儿园聚焦家国情怀，成立"童真家国号"主题板块，融合感恩教育、责任感教育、职业生涯教育，让幼儿通过说、画、唱、演等方式称颂正在奋斗的各种职业榜样，激发幼儿对家国、人类命运的理想信念。

（1）"童真家国号"之命名。

从"家国时光廊"到"童真家国号"，"和乐·苗坊"的教师团队针对家国情怀板块的主题名称和内涵展开了深刻的讨论。"童真家国号"有着深刻的寓意:"童真家国号"如同高铁,从古代开往现今,载着小家驶进大国站;如同航船,乘风破浪,小家船靠近大国港湾;如同火箭,冲天而起,小家梦想驶向大国未来。"童真家国号"满载着幼儿的欢笑、纯真和对梦想的期盼,给未来带去温暖与希望。"童真家国号"将贯穿家国情怀板块推进的整个过程。

(2)"童真家国号出发啦!"

家国情怀是中国优秀传统文化的基本内涵之一,其基本内涵包括家国同构、共同体意识和仁爱之情。家国情怀在增强民族凝聚力、建设幸福家庭、提高公民意识等方面都有重要的时代价值。可见,家国情怀的含义是多层次的。因此,小组教师从幼儿身心发展的特点、特殊的背景以及社会影响力出发,初步确定家国情怀板块第一阶段的关键词为"榜样"。在第一次主题名称和表现形式的研讨中,小组教师把主题名称初定为"'大国'小家,你我'肩'守"。目的是让幼儿通过多种形式了解爸爸妈妈的工作现状,从而培养幼儿的社会责任感。

在基本确定主题方向后,小组教师开始搭建启动项和小结项的框架,为了呼应板块名称"童真家国号",并结合当时全国各地支援武汉的时事背景和榜样挺进武汉、坚守岗位的情形,小组教师初定主题名称为"出票啦!广州→武汉"。但随着时间的推移,主题失去了时效性。最终,小组教师融合榜样前往支援世界各国的当下背景,把启动项的主题确定为"童真家国号出发啦!"

法国著名儿童文学短篇小说《小王子》中的狐狸说:"仪式就是使某一天与其他日子不同,使某一时刻与其他时刻不同。"仪式感是对生活的重视,把一件单调普通的事变得不一样。板块的启动项是另外一种意义上的仪式,那份家国情怀情感,既需要深埋在心底,也需要真诚地释放。为使启动项着眼于情感的共鸣,小组教师在幼儿设计自己的"童真家国号车票"和拍摄湖北的老师带领广州的幼儿唱歌的视频两个选择中选择了后者。师幼歌唱的视频拍摄于不同的地域空间,表达了师幼感恩的心,传递了师幼对抗传染病毒,迎接即将到来的曙光的决心。

2. 主题案例

在"和乐·苗坊"之"童真家国号"家国情怀板块活动的开展中，协和幼儿园以身处湖北的两位教师与幼儿代表在线上合作共唱一首《你街头的热干面》，启动了"童真家国号出发啦！"主题活动，发出向各行各业每一位守家卫国的普通人学习的号召以及以谁为榜样并梦想成为哪种职业人的"时间胶囊"小任务。周三的活动是引导幼儿在家长的陪伴下用各种方式表达对各行各业的认识，感恩默守在各行各业的人们的付出。活动内容包括："语绘梦想""敬业诠释担当""创想成就未来"等；认识医学检验师和健康码程序员的工作职责；制作各具创意的抗病毒"武器"。周五的活动包括："童声随想，再颂平凡英雄"，反馈展示幼儿与家长的活动成效，幼儿以稚嫩的歌声表达对医务人员最真挚的感恩；诗短情长，幼儿用响亮的朗诵告诉大家自己的梦想；新型抗病毒"武器""云博会"展示了幼儿们的奇思妙想；寄向未来的"时间胶囊"化作希望的种子。通过一周的活动开展，让幼儿与家长一起感恩每一位默守平凡岗位的英雄们，树立远大理想，让幼儿的居家生活与学习精彩而有品质。

📖 案例7

"童真家国号"之"小创意大梦想"

总有一种创意，能让梦想直击心田。登上"和乐·童真家国号"的孩子们，心中那棵梦想的小苗逐渐成长，向着他们所期待的净土不断延伸。祖国宽广的时空地域为我们提供了追逐梦想的土壤，让我们每一个微小的创意都有可能成为实现梦想的突破口。

一、语"绘"梦想

孩子心中的梦想，总是五彩斑斓的，那些天真、可爱的梦想，埋藏的是对生活、对未来最真诚的期待。下面老师给大家带来一首诗歌，名字叫《梦想》，请你们听一听诗歌里的小朋友有什么梦想。让我们展开想象的翅膀，用语言"描绘"自己的梦想吧！（图4-1-25～图4-1-28）

图4-1-25 《梦想》

图4-1-26 "歌唱家"梦想

图4-1-27 "歌唱家""设计师"梦想

图4-1-28 创编或续编诗歌

二、敬业诠释担当

重大校园公共卫生事件的发生，让我们认识到医生、护士在工作岗位上的担当，他们的敬业令我们感动。还有一些职业同样有举足轻重的地位，今天我们来认识一下鲜为人知的英雄，他们分别是离病毒最近的医学检验师和忙碌在互联网背后的健康码程序员。我们一起来看看他们的工作是做什么的吧！（图4-1-29和图4-1-30）

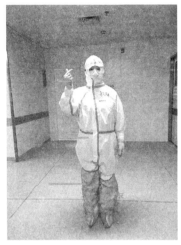

图4-1-29　医学检验师

图4-1-30　健康码程序员

三、创想成就未来

在重大公共卫生事件发生期间，我们的医护工作者、科学家、警察，甚至是快递小哥，手握"武器"，不但为生命争取了时间，更为战胜病毒注入信心与力量。哥哥姐姐们想出了各种各样具有创意的抗病毒"武器"。我们一起来欣赏一下，看一看它们都是什么抗病毒"武器"？它们是用什么材料制作的？（图4-1-31）

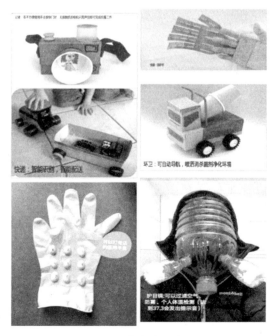

图4-1-31　抗病毒"武器"

小朋友们，长大后你想成为什么样的抗病毒卫士呢？你会发明什么样的抗病毒"武器"来打败病毒呢？请张开创想的翅膀，创作一个抗病毒"武器"，本周五我们一起来分享。

📖 案例8

"童真家国号"之"童声随响，再颂'平凡'英雄"

一场危机，牵动人心，

一份责任，最美逆行。

幸而有您，华夏无恙，

逆行前往，胜利归来。

广州欢迎您，英雄把家还！

一、感恩之歌唱给逆行者

上一次挥手是告别，这一次招手是迎接。我们只想张开双臂紧紧拥抱您，英雄！让我们带您登上"广州塔"，俯瞰花城春意；让我们把归家的温暖，最真挚的感恩，唱给您听（图4-1-32）。

图4-1-32　感恩之歌唱给逆行者

二、梦想之诗诵予贡献者

"我将无我，不负人民"的情怀与担当，激励着危急时刻每一位默守平凡岗位的英雄们。协和幼儿园教师在姚万琼园长的带领下，在居家隔离期间线上线下开展系列主题活动，不负人民教师的责任与担当，用实际行动让孩子们的居家生活与学习精彩而有品质。

在"海心沙"上，我们以诗歌寻找梦想。《梦想》，诗短情长。让我们响亮地告诉您，我的梦想是：长大后，成为您！

三、创意之展邀约逆行者

在居家隔离期间，大数据、无人机、人工智能等创新型"武器"大显身手，科研、临床、防控一线相互协同提供强大科技支撑。协和娃在琶洲会展中心举办"全行业创新型抗病毒武器云博会"，医生、教师、警察、建筑师叔叔阿姨们，请你们来参观我们梦想职业的最新创新型抗病毒"武器"。让我们一起去消灭还在世界各地横行的病毒吧！（图4-1-33～图4-1-39）

图4-1-33　我想当医生，用防护"神器"抵抗病毒

图4-1-34　我想当护士，戴上多功能口罩防传染

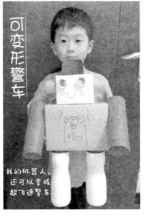

图4-1-35　我想当司机，开着高能汽车协助防病毒

图4-1-36　我想当老师，用上智能"神器"育"和"苗

图4-1-37　我想当建筑师，戴上智能帽保安全

图4-1-38　我想当记者,带上多角度照相机记录精彩瞬间

图4-1-39　我想当快递员,用遥感飞行器送货到万家

相同的世界,不同的梦想,共同的方向,我们要成为祖国未来的建设者!来!"时间胶囊"已充满,请平凡英雄们见证,让"童真家国号"满载希望驶向未来吧(图4-1-40)。

图4-1-40 "时间胶囊"

孩子们，在今天，你的"时间胶囊"已寄向未来，愿它化作希望的种子，在你的梦想里生根、发芽，伴你成长。10年、20年后，我们再见时，你能自豪地说："我已成了您！"

四、四大板块螺旋式进行

"和乐·苗坊"的课程体系四大板块——爱国教育、生命教育、健康教育、劳动教育就其内在逻辑联系形成螺旋式上升的实施模式。课程以周为时间轴，以周循环为螺旋发展模式，每四周为一轮回，让幼儿既能每一周都在不同的板块中学习，也可在同一板块的不同主题中继续探索新知。协和幼儿园微信公众号持续保留"和乐·苗坊"四大板块内容，并根据教育板块选择相应的教育主题内容进行定期推送，内容紧贴时事热点和节日节气，继续守护小"和"苗的健康成长。

📖 案例9

"多彩生命树"之"疫苗知多少"

五月骄阳似火，小"和"苗每天一如平常快乐地回幼儿园学习、游戏。就在小"和"苗刚刚庆祝完自己的节日——六一儿童节，可恶的病毒又出来骚扰我们的生活，打断了大家上学的脚步。

为了在最短时间内切断病毒传染源，小"和"苗开启了居家"停课不停学"的模式。来听听小"和"苗们在聊什么，你就知道他们又在钻研什么新本领啦！

"妈妈说病毒又来了。"

"是啊，我妈妈让我在家少出门，出门要戴口罩，说广州现在的病毒好厉害！"

"我爸爸说不怕，他打了疫苗，可以抵抗病毒！"

"疫苗是什么东西？"

"哈哈哈，疫苗就是预防针啊！"

"我以前打过疫苗，可以抵抗病毒吧！"

"爸爸说他打的疫苗是小朋友是不能打的。"

关于疫苗，小"和"苗们充满了好奇，于是小"和"苗开启了了解疫苗知识的大门……

小"和"苗们对疫苗有着自己最初的印象。那究竟什么是疫苗？疫苗是怎样研制出来的？为什么要打疫苗？让我们来了解一下吧！（幼儿园会播放动画视频让幼儿了解疫苗，如图4-1-41所示）

图4-1-41 "一分钟了解疫苗"视频截图

帮我们注射疫苗的医护人员，是我们健康的守护者（图4-1-42）。

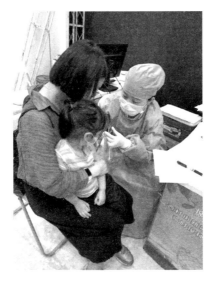

图4-1-42 注射疫苗

除了打疫苗阻挡病毒的入侵，我们还可以通过锻炼身体，增强抵抗力，一起把病毒赶走（图4-1-43）。

图4-1-43　锻炼身体

以下是小"和"苗们在家里和家长一起完成的小任务，他们通过体验、学习，进一步了解抵御病毒的有效方法。

小班：和家长一起阅读绘本《打预防针，我不怕》，了解打预防针的重要性。看完后，可以在家里和家长一起玩打预防针的角色游戏（图4-1-44）。

图4-1-44　绘本《打预防针，我不怕》

中班：做一个小贺卡，送给医护人员，感谢他们的守护和付出（图4-1-45）。

图4-1-45 做小贺卡

大班：拿出自己的免疫证，设计一个统计表（表4-1-1），看一看：你是否打过疫苗？你在哪里打的疫苗？疫苗打在身体的什么部位？打完疫苗后，你的身体有什么变化吗？

表4-1-1 免疫证统计表

你是否打过疫苗？	✔
你在哪里打的疫苗？	
疫苗打在身体的什么部位？	
打完疫苗后，你的身体有什么变化吗？	

小"和"苗们重启了"停课不停学"的线上学习方式。在停课期间,小"和"苗们要安排利用好居家时间。让我们一起进一步了解疫苗和病毒,科学防范,让病毒无处遁形!

期待小"和"苗们的新发现!

📖 **案例10**

"多彩生命树"之"我是疫苗小达人"

协和幼儿园的小"和"苗们开启了解疫苗知识的大门,发现疫苗跟我们的成长密切相关。

一、听听打疫苗的故事

也许,在小"和"苗看来,无论是打针还是打疫苗,都是因为生病了,才需要打的。可是,这个绘本告诉我们,疫苗可是在健康的时候才打的针哦!而且,接种疫苗让我们的身体在遇到一些很厉害的病毒的时候,能够抵抗、战胜它们。

二、绘制爱意满满的感谢贺卡

给我们打疫苗的医护工作者就像天使一样,安慰我们,给予我们勇气,我们要向他们表达谢意(图4-1-46)。

图4-1-46 绘制感谢贺卡

三、找找疫苗证里的秘密

儿童计划免疫证，又称儿童预防接种证，它是儿童预防接种的记录凭证。小"和"苗们会在里面发现什么秘密呢？

"疫苗证有封面，我的是绿色的。"

"里面还有数字。"

"妈妈说里面的数字是我们打针的日期。"

"里面有疫苗的名字，我上次打的是水痘疫苗。"

"上面还有给我们打针的医生的名字呢。"

四、数数我打过了多少次疫苗（图4-1-47）

图4-1-47　制作"疫苗统计表"

五、做做增强体质的运动

我们知道，除了接种疫苗外，还可以坚持锻炼身体能增强体质，有效抵抗病毒入侵。虽然居家防疫，但是小"和"苗们照样运动保健康。

我们来了解一下儿童疫苗接种常识，更清楚地了解疫苗是如何帮助我们抵抗病毒的。

接种疫苗身体棒，抵御病毒不怕它。

保护自己不感染，筑牢防控的堡垒。

📖 **案例11**

"多彩生命树"之"健康护航打疫苗"

重大校园公共卫生事件时有发生，小"和"苗们停课再次居家隔离，开启了"停课不停学"模式。在这一周，小"和"苗们积极参与了"我是疫苗小达人"的分享活动，通过玩一玩、做一做、说一说，了解了疫苗与健康成长的关系。

一、居家小任务

好玩的打针游戏。小班的小"和"苗和家长一起阅读了绘本《打预防针，我不怕》，了解了打预防针的重要性。绘本看懂了，小班的小"和"苗能够和家人玩打预防针的游戏，俨然成了一名专业的医生！

创意的感谢贺卡。中班的小"和"苗很贴心，当他们了解到医护工作者很辛苦的时候，在家里制作了一份小贺卡来表达自己的心意，送给为大家做检测、打疫苗的医护工作者，感谢他们的守护和付出。

详细的疫苗报告。大班的小"和"苗就要上小学了，他们会用特别的方式记录下自己从小到大接种疫苗的经历，来看看小"和"苗的介绍吧！（PPT展示小"和"苗的介绍）

二、疫苗接种伴成长

从出生到现在，小"和"苗们在打疫苗时都有哪些表现和变化呢？快随着镜头感受一下。（PPT展示小"和"苗打疫苗的照片和视频）

三、亲子体游强体魄

光接种疫苗还不行，最重要的是要加强自身体育锻炼，给身体创造一个天然的保护屏障！不能光说不练，瞧！小"和"苗每天坚持运动，身体棒棒的！

接种疫苗和体育锻炼能有效抵御病毒，增强体质，不断提高身体的免疫力；小"和"苗要勇敢坚定地成长，不怕打疫苗，成为健康幸福的小"和"苗！

第二节　课程模式

"131"课程实施模式是协和幼儿园对幼儿教育课程的一次新变革，与时代共进，是基于STEM教育理念和项目式学习进行幼儿园课程的新构建并落到实践中，形成的具有园本特色的课程实施模式。

一、理论引入

"和乐·苗坊"如一艘满载童真与希望的协和列车，孩子们坐着列车畅游爱国教育、生命教育、健康教育、劳动教育四大板块。为何是一周之旅？"131"课程实施模式缘起于什么？"131"课程实施模式具体是怎么实现的呢？下面，我们一起进入小"和"苗的一周之旅吧！

（一）一周之旅——旅途须知

"131"一周之旅需要沿途的营养物质供给，这些营养物质包括STEM教育理念、建构主义理论、实用主义理论、发现主义理论。皮亚杰的建构主义理论主张儿童是主动信息的建构者，将儿童视作活动的中心，这和杜威的实用主义理论不谋而合。布鲁纳的发现学习理论也主张引导学生通过自己的主动发现来学习。发现学习的基本程序为：提出问题—创设情境—提出假设—检验假设并得出结论。这和STEM教育理念、项目式学习的核心理念彼此呼应。协和幼儿园不断汲取、择用前人教学理念，丰盈了"和乐·苗坊"家庭教育课程，而"131"一周之旅完全打开了一线教育者和孩子们通往新世界的门窗，透过门窗，我们依稀看见了在旅途中的孩子们不怕遇到问题，他们勇敢机智地调动体内一切能量和过往经验迎难而上，在解决问题的过程中不断建构新经验，脸上洋溢着满足、自信的笑容。

1. 旅途供给——理论依据

（1）杜威的实用主义理论。

杜威作为20世纪著名的教育实践家，是实用主义哲学的创始人之一，其实用主义思想对世界教育的影响很大。实用主义（pragmatism，来源于希腊文，原意为行动、行为、实践，也叫工具主义、实验主义）诞生于19世纪70年代，以皮尔士、詹姆士、杜威为代表，分为古典的实用主义和正统的实用主义。

杜威的实用主义教育思想主要包括教育本质论、教学论、儿童与教师论等。在教育本质论中，他提出了"学校即社会""教育即生活"的主张，认为教育的最终目的是服务社会、推动社会进步。在教学论中，对于教材的选择，他主张遵循学生的兴趣，把学生感兴趣的事物引进课程、引进学校，作为学生学习的教材。同时，在教学方法上，杜威主张"做中学"，他认为，要从活动中获得知识，倡导"即知即传""教学相长"的教学理念，培养学生的实践能力和创新意识，大力推进课程改革，等等。杜威的实用主义教育思想为协和幼儿园以幼儿为中心、建立起紧密联系幼儿生活的课程内容体系以及以四大板块主题活动的形式开展课程活动等提供了重要的借鉴意义。

（2）皮亚杰的建构主义学习理论。

作为建构主义认识论的第一人，皮亚杰一生致力于儿童认知发展的实验研究，提出了许多真知灼见，如儿童认知发展阶段理论和具有广泛影响的建构主义学习理论。从皮亚杰的建构主义学习理论中，我们得到如下一些启发：

第一，皮亚杰通过大量的儿童认知实验得出，学习是刺激与反应相互作用的双向过程。他强调，认识不是人脑对事物直接简单的反应，而是在原有认识的基础上，在主客观的相互作用中建构而成的，教师需要注意儿童在认知活动中的主观能动性的发挥，关注儿童"怎样想"的过程。

第二，皮亚杰在实验研究中的另外一大发现是：不同年龄阶段有不同的认知图式。这些认知图式定义了儿童认知发展的四个阶段，说明了儿童认知是按由低到高的顺序发展的，既不可跨越，也不可逆转，教育应该遵循儿童身心发展规律。这为协和幼儿园螺旋式开展四大主题板块的教育活动提供了理论指导。

第三，皮亚杰在长期潜心研究儿童学习的过程中，以发展中的儿童作为研究对象，发现学习是学生主动建构自己的知识的过程，而且这种建构不可能由他人来代替。这表明儿童的认知学习不是被动地接受刺激，而是主动地选择与加工的过程，是学生通过新旧知识经验之间的相互作用而建构的。学习的结果也不是学生获得越来越多的外界信息，而是学到越来越多的有关认识外界事物的程序，并且建构了新的认知图式。这就是说，教师的"教"和学生的"学"是相互统一、相辅相成的活动，教师应该成为学生的引路人和指导者，需要准确把握学生的认知水平，及时调整教学策略和设计，把学生的原有知识点作为新知识的生长点，引导学生从原有的知识中生长出新的知识经验，达到知识的建构。同时，教师既要善于组织教学、善于引导学生主动，也要积极地提升自我。

（3）布鲁纳的发展主义理论。

布鲁纳是当代美国著名的教育家和心理学家，是一位在西方教育界和心理学界享有盛誉的学者，其研究和思想受到杜威、格式塔心理学派、皮亚杰及其他社会人类学家的思想影响，主要包括人的知觉、学习、思维、记忆等方面。

布鲁纳提出："一个教学理论实际上就是关于怎样利用各种手段帮助人成长和发展的理论。"认知发展是讨论教学问题的基础。要使学生在有限的时间里学到受益终生的东西，教师就要以适合于学生心理特性的教学方法为基本，遵循学生的认知结构。"掌握事物的结构，就是使用许多别的东西与它有意义地联系起来的方式去理解它。"布鲁纳认为迁移是知识学习的另一种形式，并把迁移分为两类：特殊迁移，即具体知识或动作技能的迁移；一般迁移，即原理和态度的迁移，主张学习的重要问题是建立有用的编码系统（认知结构）。

在教学方法上，布鲁纳提倡"发现学习"，认为"发现是教育儿童的主要手段"。发现法教学模式，是指教师为学生提供一定的材料，创设问题情境，引导学生独立地发现解决问题的办法，从中发现事物之间的联系和规律，获得相应的知识，形成或改造知识结构。在发现教学中，布鲁纳认为教师应该注意以下几个方面：一是鼓励学生积极思考和探索。发现教学是以学生为主体的，要让学生认识到他们能够依靠自己的头脑学到知识。例如，在家园共育主题活动中，在幼儿遇到难点时，教师和家长应鼓励幼儿说，"让我们运用自己的头脑想想看""让我们试试"，使他们形成自我思考、自我解决问题的习惯和态度。二是注意新旧知识的相容性。发现学习要求学生能把新知识纳入已有的学科知识结构，成为自己的知识。三是注意培养学生运用假设、对照的技能。布鲁纳认为，通过假设与对照，学生可以更有效地发现并解决问题。

布鲁纳强调：发现教学所包含的，与其说是引导学生去发现那里发生的事情的过程，不如说是引导他们发现他们自己头脑里的想法的过程。发现学习与发现教学两者是密切联系的，是教学过程中相辅相成的两个方面。例如，在设计家园主题活动时，教师应强调幼儿对知识的主动探索、主动发现和对以往所学知识的主动建构，不仅要设计指导幼儿加强传统文化知识学习的内容，还要引导和鼓励幼儿在生活中探究传统文化的内涵，在此基础上让幼儿从不同的视角对传统文化进行解读。

通过对布鲁纳教育思想的研究，幼儿园认识到在家园共育过程中，幼儿不是接受知识的"容器"，而是具有生命力的成长体，幼儿园不但要教知识，更要培养幼儿的创新精神和实践能力。布鲁纳提出的一些理论对我们的家园共育活动具有非常重要的指导意义。

（4）STEM教育理念。

STEM是一种教育理念，是科学（science）、技术（technology）、工程（engineering）、数学（mathematics）四门学科英文首字母的缩写。它最早可追溯到20世纪60年代的美国，以解决一个真实世界的问题为导向。它强调跨学科融合，旨在促进多学科知识的综合运用，确保儿童能够应对现代社会因经济和科技飞速发展而带来的转变和挑战。这与我国教育改革发展政策的价值取向相契合。有学者认为，它不是简单地把四门学科进行线性叠加，而是以多样的学习活动形式支持学生在解决问题的过程中实现不同学科知识与方法在不同情境中的整合、运用和迁移，并进一步生成新思路、新方法、新技术和新产品。它为协和幼儿园"和乐·苗坊"课程中的"131"课程实施模式提供了理念的指引。

STEM是一种跨学科的整合教育。STEM教育理念具有跨学科整合式、情境性、技术性、实践性的特点，倡导在真实问题情境中多学科知识的综合应用，合理运用技术工具和数学思维方法，以工程设计、项目实践活动的形式去解决实际问题；在实践活动中，学生习得跨学科知识内容，培养探究能力、问题解决能力和小组协作能力等。项目式学习是以学生为中心，强调在真实问题中经历计划与实施的探究过程，从而构建对知识的深层次理解，综合培养各种能力的一种教与学的方式。以赵辉、王春林为代表的学者曾在论文中指出：STEM教育和项目式学习是目标与途径的关系。因此，STEM教育理念可以通过项目式学习来实现，两者之间优势互补，推动"和乐 · 苗坊"课程的发展。

因此，STEM是教育理念，项目式学习是实施STEM教育理念的其中一种方式。它是"和乐 · 苗坊"课程的实施途径、学习方式。而"131"是实施项目式学习的一个具体的模式。

（5）项目式学习。

项目式学习（Project Based Learning，PBL），是STEM教育三大教学模式中的一个重要的教学模式，是将项目及其管理理念应用于教学的方式，由杜威的学生克伯屈在继承杜威"做中学"思想的基础上提出。项目（设计）的本意指学生运用已有的知识和经验制订计划，在具体的情境中通过自己的操作来解决问题。在后续研究中，国内外学者分别从教学方法、教学模式、学习方式、学习模式等不同角度阐述了项目式学习的定义，但无论是哪种角度的定义，项目式学习都包含以学生为中心、主动持续的探究、完成项目作品三个特征。

① 以学生为中心。项目式学习强调驱动性、引发性问题。这些问题不是传统意义上一问一答的问题，而是强调对学生学习兴趣和参加活动积极性的激发。同时，这些问题不但能够促进学生基本知识和技能的掌握，最终指向核心素养的发展，更重要的是，项目式学习强调"真实"，强调以学生为主体，重视学生的生活经验，强调真实生活情境。对"真实"的强调就是强调所学知识与实际生产生活的联系，将所学知识用于解决实际问题，即学生的"学用合一"。

② 主动持续的探究。项目式学习不是"客观题"，而是"主观题"。这个"主观题"需要资料搜集、方案制订、活动开展、问题验证等一系列问题的主

动、持续的探究过程。学生在这个探究过程中建构起对问题的理解。

③ 完成项目作品。项目式学习开展的整个过程包括学生与教师的合作、学生与学生的合作、项目各参与人员的合作。项目式学习是对问题的思考、方案设计、产品生成、推介展示等方面的合作探究。项目式学习的最终成果涉及一个产品、一份报告、一场舞台剧等，而家长、教师对这些最终成果的评价属于终结性评价。在项目开展过程中，学生的积极性、对问题深入思考的方式等都是过程性评价的重要关注点。

在课程设计方面，项目式学习区别于传统教学模式，从以传授知识内容为目标变为以解决问题为目标，将传统教学模式中"教师灌输、学生被动接受"的教学方式改变为教师是促进者、学生是问题解决者。

项目式学习是国际上较为认可的一种教学模式，精髓在于发挥问题的指导作用，引导学生通过自主学习和合作探究来解决问题。目前，国内将项目式学习应用到幼儿园领域的研究还比较少见，但它的理念确实和现在幼儿园教育所倡导的理念有很多相近之处。我们应该深入理解项目式学习，根据幼儿园教育实践的特点和幼儿独特的学习方式，结合协和幼儿园的园本课程和养成教育、四时经络保健等园本特色，创造性地开展幼儿园项目式学习的应用探索和适宜性实践。

2. 旅行目标——核心能力培养

基于项目式学习的特征，"131"课程实施模式着重培养幼儿四个方面的能力。

（1）计划能力。

我们先看一个例子：在班级自主选择区角活动时，孩子A犹豫不决、迟迟未进入活动，在操作活动中表现出了更多的盲目性和随意性。孩子B能够很快地做出选择，在活动中有明确的目的并以目的为导向进行操作。同样的年龄段、班级、教师、主题活动和游戏材料，两个孩子在活动中的表现却相差甚远。造成差异的主要因素是计划能力的高低。计划能力是孩子自我调节能力和问题解决能力的重要组成部分。加拿大心理学家戴斯认为，计划能力是人类智力的本质。他在1990年提出智力PASS模型（Plan Attention Simultaneous

Successive Processing Model），认为计划能力是非常重要的能力和素养。计划能力是协和幼儿园"131"课程实施模式的周一"讨论—计划日"中要培养的关键能力。

（2）文化品格。

习近平总书记认为优秀传统文化是最深厚的文化软实力。弘扬中华民族传统文化、促进中华民族传统文化的繁荣与发展是中华民族复兴和发展的重要推动力。现在，繁荣的民族传统文化正在影响着社会各项事业的发展。教育领域作为文化传承与发展的重要载体，是发展和弘扬中华传统文化的主阵地，协和幼儿园作为一所百年老园，更应该明白身上肩负的历史担当。

在重构课程时，应体现文化基因，彰显课程目标的文化品性，甄选课程内容的文化内涵，重视课程实施的文化创新。所以，"131"课程实施模式是在岭南文化之下进行的系列主题课程开发，其文化内涵，更多地体现在周五的创意作品展示中。

（3）思维品质。

思维品质是人个体思维活动的外在表现。例如，当幼儿遇到问题时想到的解决方法是不一样的，有求助教师的、有与父母沟通交流的、有同伴合作的，还有借助信息技术的。具有良好的思维品质是创造型人才的重要标志，然而，良好的思维品质不是与生俱来的，往往是后天培养的。"131"课程实施模式以驱动型问题为灯塔引导幼儿分析问题、设想解决方法，并初步形成解决问题的计划，通过创意物化在每周、每月、每学期以不同的形式展现幼儿的活动成果，从而不断地提高幼儿的思维品质。

（4）学习能力。

思维品质的差距决定了学习能力的高低。所以，幼儿发展的第四个关键素养是学习能力。《3—6岁儿童学习与发展指南》强调培养幼儿学习品质的重要性。"131"课程实施模式通过项目式学习推动幼儿和教师学习能力的发展，真正实现让每个生命出彩。其中，学习能力包括自主学习能力和合作学习能力。

（二）一周日程：1—3—1

我们把幼儿园看作满载幼儿童真与希望的列车，幼儿在这条列车上畅游四大教育主题板块，如期成长。幼儿的旅程如何开展呢？我们把幼儿的成长细分到每一周。但一周之旅之每日日程到底该如何设计呢？在课程的主题活动设计中，我们重点关注幼儿的计划意识、合作解决问题能力以及创作作品和展示表达的能力。因此，我们在一周之旅中为培养幼儿的关键能力对应地、科学地设计每日日程，即"131"课程实施模式。"131"课程实施模式将一周的学习分为三个阶段：第一个"1"即周一，是"讨论—计划日"；"3"即周二至周四，是"实践—体验日"；最后的"1"即周五，是"反思—拓展日"。三个阶段所形成的课程内容会分别于每周一、周三、周五在协和幼儿园微信公众号发布。

一周之旅有三个时间节点，即周一、周二至周四和周五，简称"1—3—1"，非"113"亦非"311"，"131"课程实施模式是协和幼儿园在家庭教育课程中的创新之举，是在凝聚了无数教育先驱的思想精华之后的一次大胆尝试，正如伟大的科学家牛顿所说："如果我比别人看得更远些，那是因为我站在巨人的肩膀上。"一周之旅提倡幼儿们在真实的问题情境中形成计划意识，培养孩子通过合作的形式借助工具、资源等解决问题的能力，这正与掀起全球教育界热潮的STEM教育及项目式教育不谋而合。

"讨论—计划日"。周一是"讨论—计划日"，怎样在周一制订计划呢？捕捉两个关键词：问题、计划。关键在驱动性问题的提出，驱动性问题像一个"灯塔"，能够激发幼儿探索的兴趣，指引幼儿向着项目目标努力。因此，计划要明确完成的任务和解决的问题，即引导幼儿围绕微信公众号中发起的话题和家长或小伙伴们开展讨论并确定本周要真实解决的问题。这是一周之中最重要的"行程"。具体操作包括：教师以本周课程大主题为切入点与幼儿展开谈话，激发幼儿兴趣，围绕幼儿兴趣点，结合本班幼儿年龄段特点，以思维导图的形式梳理周主题活动内容；师幼共同讨论确定活动内容，教师合理安排活动时间、科学设计活动方案。在这个过程中，教师不断引导幼儿分析问题、提出更多具体的问题；幼儿不断发散思维、设想解决问题的方法，并初步形成解决问题的计划。

"实践—体验日"。周二、周三、周四三天是"实践—体验日"，是幼儿围绕小任务或真实问题，通过动手制作、问题分析、资料收集、交流探讨等多种方式，融合多领域知识与技能，和家长或小伙伴们共同拟定解决办法，进而根据预定计划进行实践、探索和验证，最终在团队合作中解决问题的过程。在这个过程中，教师和家长需要尊重幼儿的各种奇思妙想，给予其足够空间，引导其进行自由创造。教师和家长扮演的是幼儿活动中的观察者、支持者、合作者角色，并负责收集幼儿活动的过程性资料，与幼儿一起营造与主题相关的环境，在幼儿遇到困难、寻求帮助时适当介入。幼儿基于前阶段的计划将问题分成小组，通过动手制作、问题分析、材料收集等，融合多领域知识与技能，最终解决问题。

"反思—拓展日"。周五"反思—拓展日"是幼儿共享成果并分享实践、体验过程的阶段，包括与谁合作、具体做了什么、遇到了什么新问题、如何解决等。教师和家长需要引导幼儿将设想与实际情况对比，进一步巩固经验。同时，此阶段教师和家长需要引导幼儿设想周末的相关活动，进一步拓展实践，提升综合素质。"反思—拓展日"就像旅行的最后一天，幼儿收拾行囊，在回程的路上不时翻看手机中的相片或视频，整理好沿途领略的风光，和同行之人分享一周之旅的所感所得，这必定是幼儿成长路上的深刻而美好的回忆。

"131"课程实施模式从实践中来，贴合本地的岭南文化。"131"课程实施模式与协和园本课程体系的内容是紧密联系在一起的。例如，新学期中大班将以"泮溪酒家""小吃馆"等不同的项目开展课程，其实是协和幼儿园原有的"养成、自然、艺创课程"中养成板块的"食"主题的内容，它不是抛弃协和幼儿园原有的课程，而是协和园本课程的传承和发展。这就是"131"课程实施模式，其实它是项目式学习中的一种具体的模式和方法，是为了让课程内容更好地实施、渗透和学习。如果说协和幼儿园原有的课程内容是一盆玫瑰豉油鸡，那么"131"这一课程实施模式就是烹饪这道菜色的做法，并且配有具体的操作步骤作为参考，让人对每一道菜品（每个主题）都能一目了然。

未来，"131"课程实施模式将选取岭南文化中最重要的饮食文化作为先行探索的内容，以介绍饮食文化作为课程资源的探索方向，并以"泮溪酒家"和"岭南寻味小食"两个项目作为幼儿学习的内容继续拓展。如今，"131"课程实施模式实践探索专题已成为协和幼儿园教师专业发展途径的一次新探索，让教师在园、区、市、省各级别"小讲座"平台有充分的机会展示自己，促进了园内、学前教育同行教师之间的展示与交流，提高了教师整体的专业素养，建设了有共同愿景的教师发展共同体。

二、案例说明

"131"课程实施模式是"和乐·苗坊"家园共育课程基于居家背景下的特殊实践，它既可以满足幼儿的发展需求，提高家园共育的教育质量，又可以实现教育实施模式的创新与发展。协和人将共同推进"和乐·苗坊"课程，以"131"课程实施模式为突破口，把握幼儿深度学习、自主学习的制高点，不断探索家、园、社三位一体协作的新方式。"131"课程实施模式在常态的幼儿园课程中的实践是怎么样的？下面我们通过实践案例进行展示分析。

📖 案例1

"和乐·苗坊"之劳动教育板块

我们以"宅趣棒棒屋"劳动教育板块的主题活动"保护水资源"为例，展示以"131"课程实施模式开展主题活动的过程。

在周一"讨论—计划日"的启动项中，我们以3月22日"世界水日"为契机，设计了"珍贵的水先生"主题活动，并设计了认识水资源、水的作用、水从哪里来等探究活动，通过看一看、摸一摸、尝一尝等感官体验设计问题和阅读绘本故事《水先生的奇幻旅程》等多种途径让幼儿全面认识水资源，并发出"保护水资源，我们能做些什么"等任务单，激发幼儿探索水资源、珍惜水资源、保护水资源的欲望。

在周二至周四的"实践—体验日"中，为了加强幼儿对水资源的认识，使幼儿感受水对人类的重要性，养成爱护水资源、珍惜水资源的好习惯，我们以"珍惜我身边的水先生"为活动主题，让幼儿通过学唱节水儿歌、制定喝水规定、绘画表达、身体力行等多种方式参与水资源的保护行动。

在周五的"反思—拓展日"的反馈项中，我们精心设计了"我是节水小达人"活动，幼儿化身小记者、宣传员等角色，积极参与节水行动，他们通过采访身边的教师、家长，以实际行动向大家介绍他们学到的节水妙招，展示了幼儿的学习成果。

一、绘制路线图

计划——周一启动项：

"珍贵的水先生"

2021年3月22日是第二十九届"世界水日"，3月22—28日是第三十四届"中国水周"。联合国确定2021年"世界水日"的主题是"珍惜水、爱护水"，水利部确定我国2021年"世界水日"和"中国水周"活动的主题为"深入贯彻新发展理念，推进水资源集约安全利用。"

1. 水是什么样子的

"水是什么样子的？"

"我知道，水是白色的。"

"不对不对，水是透明的。"

"对对对，水是抓不住的。"（图4-2-1和图4-2-2）

图4-2-1　看一看、摸一摸

图4-2-2　闻一闻、尝一尝

2. 水有什么用

依佟："水用来洗衣服。"

嘉睿："水用来浇花、拖地。"

梓谦："我的妈妈煮饭也要用水。"

曜曜："我们洗手、洗澡要用水。"

芮安："我们口渴了要喝水，不然会生病的。"

彤彤："消防员叔叔要用水救火。"

3. 水从哪里来

"我知道，水是从水龙头里来的。"

"水在大海里。"

"水从天上来，下雨就有水了。"

到底水是从哪里来的呢？

让我们和水先生一起开启一段奇幻的旅程吧！

4. 绘本《水先生的奇幻旅程》

在大海里，水先生掀起了大大小小的浪花，大人和孩子们都玩得好开心；

在天空中，水先生变幻成了云朵，轻盈自由，飘来飘去；

在寒冷中，水先生又凝结成冰冷的雪花，把大地覆盖。

走，我们一起继续寻找水先生吧！

阅读《水先生的奇幻旅程》并展开讨论。

讨论思考：

（1）当暴风雨来临时，水先生是什么样子的？

（2）水先生在找朋友的过程中，在太阳的帮助下变成了什么样子？

（3）水先生在找朋友的过程中，去了哪些地方？

5. 我们究竟有多少水资源

科学家说过，我们地球上能用的水越来越少了，但水先生说它的兄弟姐妹们没有减少，这到底是怎么回事呢？我们一起来看一看吧！

（视频：我们究竟有多少水资源）

小二班的小"和"苗知道水资源越来越少后非常焦急，他们打算用实际行动来保护水先生。想知道他们做了些什么吗？我们一起期待吧！

二、畅游进行时

实践——周三过程项：

"珍惜我身边的水先生"

水是生命之源，是我们生存的基础。为了让小"和"苗关注水的作用，感受水对人类的重要性，增强"珍惜水、爱护水"的环保意识，养成珍惜水资源的好习惯，我们来看看协和幼儿园小二班的小朋友们都做了些什么吧！

1. 学一学：节水儿歌

小二班的小"和"苗学了一首《水管哭了》的节约用水儿歌，他们说大家洗完手要及时关紧水龙头，节约用水。

（《水管哭了》儿歌朗诵）

2. 说一说：喝水约定

小"和"苗发现喝水的时候很容易洒水，于是他们决定召开紧急会议，制订出喝水的约定，要珍惜每一滴水。

（幼儿讨论喝水要注意的事项，教师将幼儿讨论出的结果整理成班级喝水约定）

3. 涂一涂：不让水先生流走

水先生是抓不住的，但是我们可以把它装起来，这样就不会让它白白流走了。

（幼儿为小水滴涂颜色）

4. 看一看：我和水先生的故事

在协和幼儿园里，小二班的小"和"苗和水先生有些什么故事呢？快来看一看吧！水无处不在，我们用水洗脸、洗手，我们用水浇灌花花草草，我们喝水使身体更健康……这些都是离不开水的！

（幼儿进行洗手、洗脸、拧毛巾、喝水、浇花、玩水的游戏）

水是生命的源泉。小"和"苗们，让我们从自己做起，从小事做起，珍惜水资源，节约用水，保护生命之源！

三、晒晒我的圈

表达——周五总结项：

"我是节水小达人"

每年的3月22日是"世界水日"，这个节日的设立旨在唤起大家的节水意识，加强水资源保护，解决日益严峻的缺水问题。我们要节约每一滴水，保护水资源，因为水哺育着人类和万千生物。

（水日的宣传海报）

1. 我是节水小记者

水是生命之源。而我们正面临着淡水资源短缺的危机。节约用水是保护水资源的重要途径之一，也是我们每个人都要做的事。在生活中，我们是怎样节约用水的呢？小二班的小"和"苗化身为小记者采访了身边的老师们。

关心："老师，您的节水妙招是什么？"

吴老师："我用洗衣服的水来拖地。"

（洗衣服照片）

贝贝："老师，您平时是怎样节约用水的？"

戴老师："我用洗瓜果的水来冲厕所。"

（洗瓜果照片）

秋雯："老师，您有什么节约用水的好方法呢？"

孟老师："洗手的时候，水龙头开小一点，不让水资源白白浪费。"

（洗手照片）

飏飏："厨房阿姨，您有什么节约用水的方法呀？"

厨房阿姨："淘完米的水别浪费，可以用来浇花哦！"

（浇花照片）

2. 我是节水宣传员

小二班的小"和"苗用连贯、清楚的语言大声地念出节水儿歌，用心说给身边的每一个人听，呼吁身边的每一个人：不要让小水管哭了，要珍惜水资源，保护水先生，保护我们共有的家园。

（幼儿朗读节水儿歌的视频）

3. 我是节水小达人

经过了采访和宣传，小"和"苗懂得了"节约每一滴水，回收每一滴水，让每一滴水多循环一次"的道理。他们回家后以实际行动向大家介绍了他们学到的节水妙招。你，是否也是这样去节约用水的呢？

（幼儿在家庭中节水的好方法。）

保护水资源，就是保护我们的生命之源。节约用水，并不只在一天，而在于每分每秒。通过此次活动，"世界水日"真正走进了孩子们的心中。小"和"苗们懂得了惜水、节水的重要性，懂得了保护水资源、节约用水要从身边的点滴做起，从自己做起！

案例2

"和乐·苗坊"之爱国教育板块

我们以"童真家国号"爱国教育板块的主题活动"边防英雄"为例，按照"131"课程实施模式展开主题活动的过程。

在周一"讨论—计划日"的启动项中，我们通过身边的事例、绘本故事等形式在小"和"苗的心中描绘"英雄"的形象，让小"和"苗对边防英雄产生初步的想象和定义，为接下来的实践活动做好铺垫。

在周二至周四的"实践—体验日"中，我们通过引导幼儿参与"寻边境、听故事、画英雄"等实践过程，感悟边防英雄守卫国家领土的不怕苦、勇敢向前、不怕牺牲等精神。

在周五的"反思—拓展日"的反馈项中，幼儿通过前面的了解和实践过程，心中有了他们自己的想法，可以通过绘画、描述等方式表达出心中的英雄形象，对英雄进行告白，表达对英雄的敬意。

一、绘制路线图

计划——周一启动项：

"边防英雄，守护和平"

正月十五元宵节，500架无人机自广州白鹅潭腾空，化作点点星光，与元宵灯笼、故乡水景组成了"清澈的爱，只为中国""山河无恙，家国圆梦"字样和烈士肖像，致敬边防战士。

1. 小"和"苗们，你们知道什么是边境、边防和边防战士吗

边境是两个国家临近边界的区域范围。边防是指边境地区的防务，在维护国家安全与利益中起到了重要的作用。边防战士是守卫在祖国的边境、完成边防工作的人，他们都是勇敢的人。下面请收看协和新闻台特别栏目《"和"苗话边防》（图4-2-3）。

图4-2-3　向中国边防战士致敬

这是发生在中印边境的一场战斗，四位烈士都是英雄。小"和"苗们，你们有什么话想对烈士英雄们说，表达你们的尊敬和敬意吗？把你们想说的话录出来或者画出来吧！

边防战士勇敢地守卫着我们祖国的边境，远离家乡，日夜坚守，甚至牺牲了自己的生命，才换来我们今天的和平。小"和"苗们，你还知道哪些边防战士的故事呢？还有哪里是中国边境呢？和爸爸妈妈查一查资料，在中国地图上找一找，了解一下吧！

边防战士的事迹让小"和"苗们油然而生一种敬意。和平年代的小"和"苗们，让我们一起来了解边防战士的世界，理解和平生活的来之不易吧！

2. 绘本推荐

《和平是什么？》

绘本简介："和平，可能是这样的：不打仗，不扔炸弹，不破坏房屋和城镇……饿了，谁都能有饭吃；学习，还能和朋友在一起……"

深感生命之珍贵和生活之美好的著名绘本作家，用幼儿生活中的场景讲述真正的和平概念。

《纪念碑下的小花》

绘本简介：这是一本充满诗意的生命教育绘本。清明节时，小女孩小花跟着爸爸去陵园看望太爷爷，太爷爷曾是一名抗日游击队队员，在战争中幸存了下来，但一直守卫着这座烈士陵园，因为这里有着他牺牲的战友们……

《爷爷的墙》

绘本简介：位于华盛顿特区的越南战争纪念墙上，刻着58000个士兵的名字，他们都是在越南战争中牺牲或失踪的。小男孩和爸爸从很远的地方到这里来，花了很长的时间在墙上寻找爷爷的名字，然后在一张纸上，用铅笔把名字拓下来，郑重地带回家。让孩子与大人一起缅怀在战争中阵亡的亲人，从中体验战争对生命所带来难以弥补的伤害，并珍惜来之不易的幸福生活。

二、畅游进行时

实践——周三过程项：

"边防英雄，勇敢战斗"

"热的心会把冰雪融消。"——《革命烈士诗抄》

"清澈的爱，只为中国。"——陈祥榕

发生在中印边境的那一场争斗，牵动着小"和"苗的心，他们用了哪些方式来了解边防战士呢？

1. "和"苗寻边境

边境是最容易发生争斗的地方，还有哪里是我们国家的边境呢，大二班的小"和"苗们兴致勃勃地寻找着。

2. "和"苗听故事

面对印度军方的挑衅，四位烈士勇敢向前，为我们守护了一方和平。还有哪些边防战士的故事呢？你看，大二班的小"和"苗正认真听老师讲边防战士的故事。

3."和"苗画英雄

边防战士是勇敢的英雄，守护在最危险的地方，甚至牺牲了自己的生命，大二班的小"和"苗们用画笔来表达自己的尊敬和敬意。

勇敢的边防战士是祖国的骄傲，也是我们小"和"苗心中的大英雄。

三、晒晒我的圈

表达——周五总结项：

"边防英雄，在我心中"

"我们就是祖国的界碑，脚下的每一寸土地，都是祖国的领土。"——肖思远。经过这一周对边防英雄的了解，大二班的小"和"苗们已经对边防英雄们有了满满的敬意！一起来看看他们的收获吧！

1.看一看中国的边境

大二班的小"和"苗们已经找到了很多边境地区了，我们听他们介绍一下吧！

2.画一画边防英雄

大二班的小"和"苗们用彩色的画笔画出了自己心中的边防英雄，我们一起看一看，他们心中的边防英雄是什么样的呢？（图4-2-4）

图4-2-4　我心中的边防英雄

3. 说一说我画的边防英雄

小"和"苗们心中的边防英雄自带着光芒，听一听他们介绍自己的画作吧！

4. 向边防英雄致敬

每一个坚守在边境的边防战士，都值得我们尊敬。大二班的小"和"苗们有一些话想对边防战士说，我们一起来听听小"和"苗的声音。

每一个边防战士都是热爱和平、忠诚使命、捍卫正义的英雄。生活在新时代的小"和"苗们须谨记，和平生活来之不易，我们要对边防战士们保持崇高的敬意，对和平的生活保持十分的热爱。

📖 案例3

"和乐·苗坊"之生命教育板块

我们以"多彩生命树"生命教育板块的主题活动"添一抹新绿"为例，展示以"131"课程实施模式开展主题活动的过程。

阳春三月，万物复苏，春风吹绿了枝头的嫩芽，吹绿了地上的小草。绿色是生命的源泉，是生命的希望。为认真落实习近平总书记生态文明思想，丰富幼儿对植物生长的认知以及增强幼儿的生态意识、环保意识，培养幼儿爱护大自然一草一木的情感，让幼儿更好地认识到绿色对人类生存的重要性，从而规范自身日常行为，减少践踏草坪等不文明行为的发生，协和幼儿园在周一"讨论—计划日"的启动项中，以"添一抹新绿，守一树生命"为主题开展活动。活动以教师带领幼儿认识园内的植物展开，对话幼儿，引导幼儿完成学习任务，包括认知周围的大树、歌唱《植树儿歌》、绘画等，通过活动提升幼儿对植物的认知。

在周二至周四的"实践—体验日"中，我们以"添一抹新绿，我为春天代言"为主题，继续通过"搜一搜""学一学""画一画"等实践活动加深幼儿对植物的认知，激发幼儿热爱大自然的情感。

在周五的"展示—小结日"的反馈项中，在植树节来临之际，我们开展了

"相约植树节，珍爱绿色生命"植树节主题教育活动，让幼儿化身科学家、表演家、宣传员等，向人们介绍植树节的来历以及重要意义，将绿色的种子洒在幼儿的心里。

一、绘制路线图

计划——周一启动项：

"添一抹新绿，守一树生命"

不知不觉间，

风变柔了，天变暖了，

太阳也热情了！

不知不觉间，

泥融沙暖，春山可望，

万物正在苏醒！

春暖花开之际，协和幼儿园的柠檬树开花了！雪白雪白的花朵挂满枝头，草地上铺满掉落的花瓣，一阵阵清香随风飘送！我们闻香而来，拾起草地上的一朵朵小白花，开启了与树的对话：

XX：老师，这是什么树啊？它的花好香啊！

老师：这是柠檬树，在春天里就会开花。

XX：哇，这是柠檬花，我闻到了柠檬的味道。

ZZ：老师，还有什么树会有香味呢？

YY：树除了有香味，会不会有臭味呢？

KK：哈哈哈，一定还会有发出甜甜的味道的树。

老师：你们听过大树的声音吗？你们觉得大树会和你们说什么呢？

AA：大树会告诉我们它几岁了，我们可以看大树的年轮。

BB：大树知道我们在保护它，我们要给它多浇水、多施肥、多晒太阳。

老师：对！没想到大树告诉我们这么多事情，虽然大树不会说话，但是它向我们传递了很多信息（图4-2-5）。

图4-2-5 孩子们的发现

原来大树会跟我们"说话"，我喜欢大树！我要成为大树的代言人，让更多的人认识大树、喜欢大树。接下来，让我们一起来完成以下任务吧！

任务一：我和大树交朋友

大树既是人类的朋友，也是大自然的守护神。我把认识的和喜欢的大树画下来，告诉大家大树对人类的作用、保护大树的方法，让更多的人爱护树木（表4-2-1）。

表4-2-1 我和大树交朋友

我喜欢的大树	
大树对人类的作用	
我要保护大树	

任务二：爱树儿歌乐传诵

我们一起来学习植树的儿歌，告诉大树，我们和大树永远都是好朋友！

《植树儿歌》

小朋友，快快来，

大家一起来植树。

小树苗，要长大，

需要我们去爱护。

你爱树，他爱树，

小树长成通天树。

任务三：画最美大树，做护绿小使者

春暖花开万物生，争做护绿小能手。一起来给幼儿园的大树画像，画出你心中的"绿色环保"，争做护绿小使者！

爱护环境，从小做起。让我们从身边的绿色开始，用自己的双手照顾大树；从保护身边的绿色做起，共同创造美好的绿色环境！

二、畅游进行时

实践——周三过程项：

"和大树做朋友，我为春天代言"

种下希望的树苗，培上快乐的土壤，施上肥美的养料，浇上吉祥的水滴，扎下健康的根系，发出梦想的嫩芽，长出茂盛的枝叶，福荫幸福的小"和"苗。

这两天，由柠檬树下的发现引发的探索活动，正如火如荼地进行着，中二班的"小和苗"们进行得怎么样了呢？

1. 搜一搜，了解大树的本领（图4-2-6）

图4-2-6　户外观察大树

2. 学一学，爱护树木的儿歌（图4-2-7）

图4-2-7　老师在班上进行儿歌教学

3. 画一画，美化环境有方法（图4-2-8）

图4-2-8　画下喜欢的大树

相信通过小"和"苗的你一笔、我一言，一定会在小"和"苗心中种下爱护树木、保护环境的美好愿景！在植树的季节里，让我们共同栽种汗水，收获健康；栽种奋斗，收获成功；栽种笑脸，收获快乐；栽种善良，收获美好！

哇！小"和"苗走出家门观察大树，朗朗儿歌颂大树，五彩画笔绘大树，你一笔、我一言，好不热闹！期待你们能与树朋友结交下深厚的情谊！

三、晒晒我的圈

表达——周五总结项：

"相约植树节，珍爱绿色生命"

春风送暖，拂绿了柳芽，唤醒了泥土！

中二班的小"和"苗们踏着欢快的脚步，

在春天里驻足，寻找春的希望，播种绿色的生命！

1. 探绿科学家

绿树，可以美化环境；

绿树，可以净化空气；

绿树，可以减少噪音；

绿树，可以调节气温。

让我们与大树交朋友吧！（图4-2-9）

图4-2-9　我与大树交朋友

2. 爱绿表演家

春风催万物，

新雨润百花，

爱绿口中传，

携手你我他。

3. 护绿宣传员

保护树木，从我做起，

小小宣传画，

蕴含大大的能量。

小"和"苗们大显身手，

在春暖花开万物生之际，

争做爱绿宣传员。

三月，是播种美好希望的季节。3月12日是我国一年一度的植树节，小"和"苗们来了解一下植树节吧（图4-2-10）。

图4-2-10　护绿宣传单

"植树"让春天不虚此行，留下它来过的痕迹；"植树"让我们感受生命的含义、成长的乐趣。让我们一起相约植树节吧！

案例4

"和乐·苗坊"之健康教育板块

我们以"童言彩虹桥"健康教育板块的主题活动"'告状'行为"为例，

展示以"131"课程实施模式开展主题活动的过程。

在幼儿园的一日生活的各个环节中，教师一定会遇见各种层出不穷的告状事件。幼儿在与同伴之间发生矛盾冲突或为满足某些心理上的肯定与满足时，在心理上常常希望得到肯定与支持，特别是在遇到自己无法解决的问题或自身的利益受到侵害时，更是希望得到来自他人特别是成年人的支持与帮助。在这种情况下，告状行为很自然地产生了。面对诸多的告状行为，教师应如何正确引导和处理？在周一"讨论—计划日"的启动项中，我们把面对告状行为的"审判"权利交给幼儿，让幼儿通过"发现闪光点""互助""角色换位"等方法解决问题，这不仅有利于培养幼儿独立处理问题、解决问题的能力，也有利于帮助幼儿建立自信心。

幼儿的告状行为是多种多样的，引起幼儿告状行为的原因也各有不同。因此，对于幼儿告状行为的处理方法不应是一成不变的。教师应走进幼儿内心，关注幼儿需求，有目的、有针对性地应对幼儿的种种告状行为，举一反三、融会贯通地引导幼儿进行分析与思考，相信幼儿、理解幼儿，全面提高幼儿分析问题、解决问题的能力。当幼儿具备了自己解决问题的能力时，告状行为自然会减少很多，从而从根本上解决教师的困扰。因此，在周二至周四的"实践—体验日"中，教师引导幼儿对周一活动的计划展开实施，把问题交给幼儿自己去评判，相信幼儿的判断是非对错的能力，同时以此实践为契机，引发幼儿的讨论与思考，在判定事件的是非对错的同时，共同商量讨论得出解决问题的办法。最后，通过小剧场的形式再次强化幼儿勇敢表达、勇敢交流的能力，增强幼儿的自信。

周五的"反思—拓展日"是总结反馈的过程，我们通过总结回顾幼儿面对冲突行为如何独立分析问题、找出原因、独立思考等过程，引导幼儿学习这些技能，鼓励幼儿与同伴分享自己的感受和想法，同时与家长分享了"提升幼儿自信心"的技巧，还总结出了"告状案件"的规则。当幼儿的交往能力与分析解决问题的能力提高时，告状行为产生的次数自然会减少了。

一、绘制路线图

计划——周一启动项：

"'告状'案发现场"

1. 案发现场

"老师，她刚才推我了！"

"老师，他没喝水！"

"老师，他插队！"

"老师，他乱放玩具！"

……

幼儿进入中班后，社交能力逐渐加强，他们在认知、道德判断和评价方面有了一定的发展，这时常常会出现"告状"行为。当遇到小问题时，对老师有着强烈依赖的幼儿总是喜欢向老师"告状"，因此，老师成了他们最信任的"大法官"。

2. 小侦探推理

"大法官"这次决定把审判的权利交给幼儿自己，让幼儿来充当"小侦探"，深究"案件"、分辨是非，让我们看看"判案"现场吧！（图4-2-11）

图4-2-11　幼儿看告状"案发"视频

3. 小侦探妙计多

中班幼儿的思维具有自我中心化的特点，他们往往不善于站在他人的角度思考问题，也缺乏独立解决问题的能力。在与同伴发生冲突时，往往通过告状来解决问题。

但是,"告状"会带来同伴关系的问题,当同伴之间发生冲突时该怎么办呢? 小小侦探们想到以下几个方法:

(1) 小侦探发现闪光点。

每个人的身上都有闪光点,多发现他人的闪光点就更能接受他人的不足,小"和"苗们,用发现的眼睛去找找同伴和自己身上的闪光点吧。

(2) 小侦探互助团。

当发生视频中类似的情况时,你会怎么做呢? 一起来想想办法吧。

(3) 小侦探的角色换位。

当我们能站在他人的角度思考问题时,就能更加体谅他人,试着通过情境表演的方式进行角色互换游戏吧。

小小侦探能分析问题、顺利"破案"吗? 敬请期待吧!

二、畅游进行时

实践——周三过程项:

"小侦探破案实录"

1. 小侦探发现闪光点

一个充满自信的孩子不需要通过揭露他人的短处来获取成人的关注; 一个宽容的孩子能够善于发现他人的闪光点。

面对朝夕相处的同伴们,小"和"苗们发现了自己和他人身上的哪些闪光点呢? (图4-2-12)

图4-2-12　发现他人闪光点

2. 小侦探的互助记录

面对"案发现场"发生的事件，小"和"苗能想出好办法帮助发生矛盾和误会的小朋友们并维护他们的友谊吗？一起来看一看吧！（图4-2-13）

图4-2-13　小侦探们热烈讨论

3. 角色互换小剧场

小朋友们在相处中，难免会有小摩擦、小误会，如果能够换位思考，小朋友们就能体会宽容的魅力，懂得理解他人，很多的矛盾也就迎刃而解了。小"和"苗用小剧场的方式重现"案发现场"，进行了一次角色互换（图4-2-14）。

图4-2-14　角色互换小剧场

4. "苗坊家庭分享屋"

"除了人格以外，人生最大的损失，莫过于失掉自信心了。"——培尔辛

自信的孩子更敢于表达自己的观点，更敢于展示自己，更善于交流；自信的孩子更敢于不断尝试，不怕失败，更加独立。自信心对孩子的健康成长和各种能力的发展都有着十分重要的意义。本周，我们邀请到了岭南中二班的家长分享他的育儿小故事，敬请期待！（图4-2-15）

图4-2-15　"苗坊家庭分享屋"

三、晒晒我的圈

表达——周五总结项：

"'案发率'创新低，和'告状'拜拜"

告状行为是幼儿道德感产生的外在表现，反映了幼儿对道德的认知、对规则的遵守、对行为的判断，是幼儿认知发展的必经阶段。岭南中二班经过一周"小侦探"与"大法官"的不断发现与记录，"案发率"降下来了，幼儿的告状行为减少了。

1. 有爱的大家庭

岭南中二班的"小侦探"越来越会发现自己与身边好朋友的闪光点，当大家都带着欣赏的眼光看待自己和他人、总是想着他人的好时，就会转换角色为他人考虑。"小侦探"记录下他们的发现和换位思考的感受（图4-2-16）。

图4-2-16　换位思考

2. 老师的发现

"大法官"在经过一周记录"案件"后，发现"案件"的数量越来越少，"小侦探"们都尝试用友善的方法自己解决问题呢！且看"大法官"的记录吧！（表4-2-2）

表4-2-2　教师观察记录表

班级	中二班	记录教师	Cidy老师	时间	2021年3月25日
观察情况	仔仔是我们班的"小侦探",随时在侦察班级小朋友们的情况。"老师,刚才强强把饭粒扔地上了""老师,小花、小欣在洗手间里开大水洗手"。这天,吃完茶点的仔仔和言言来到阅读区看书。不一会儿,仔仔大叫起来:"老师,言言把书弄破了"。言言赶紧解释道:"这不是我弄破的。"仔仔不相信,说道:"这就是你弄破的,因为刚才只有你看了这本书。"两个人你一句我一句,声音越来越大,最终发展成争吵、推搡。老师走过去,两个小朋友争先恐后地投诉对方,你推我、我推你,互不相让				
观察分析	幼儿由于受年龄等方面的影响,摩擦冲突时有发生,所以经常会出现告状的行为。那么,幼儿为什么会告状呢?一是作为"受害者",希望得到老师的帮助,二是把自己当作"侦察者",希望得到老师的认可和表扬。而仔仔就属于后者,他认为自己是在关心集体,纠正错处,应该得到老师的赞扬。仔仔认为书破了就是刚刚看书的言言弄的,并不听言言解释				
措施与结果	面对仔仔和言言的互不相让,老师请他俩走到旁边,等他们基本平静后一个一个来说,老师基本了解了事情的原委。原来仔仔认为书是言言在看,那么坏了肯定就是言言弄坏的,所以他要告状。而言言说他拿起书的时候书已经是坏的了,并不是他弄的。仔仔听了不好意思地笑了笑,并很真诚地向言言道了歉。两个小朋友重归于好,欢欢喜喜地去玩了。在我们日常生活中,幼儿告状行为经常发生,面对告状行为,老师要担当"法官"的角色,调查事情的经过,在事情了解清楚后,引导幼儿发现他人闪光点,宽容待人,体会宽容的乐趣。 同时,教师不应鼓励类似"揭发检举"类的告状行为,应制定"告状规则",让幼儿相互约束,减少一些不必要的告状行为				

3. 我们约定好

"大法官"与"小侦探"经过一周的摸索,使岭南中二班形成了对"告状案件"的规则。以后大家都可以"按章办事"了。

4. 养出自信的孩子

本期苗坊家庭分享屋请来了岭南中二班形形的爸爸分享主题"如何提升孩子的自信心"。在班上,形形是个自信的小女孩,相信形形爸爸分享的育儿故事能对大家有所启发。我们一起来回顾形形爸爸分享的精彩过程吧!(图4-2-17)

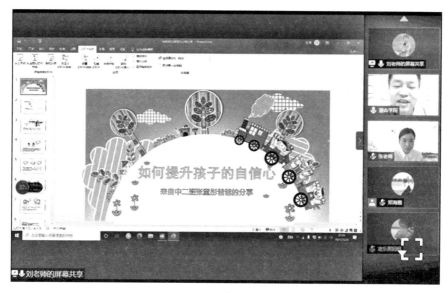

图4-2-17 家长分享

参考文献：

[1] 付文超.杜威的实用主义教育思想对中国教育的影响［J］.湖北经济学院学报（人文社会科学版），2015，12（10）：112-113.

[2] 郭法奇.杜威与现代教育：几个基本问题的探讨［J］.教育研究，2014，35（1）：117-123.

[3] 白倩，冯友梅，沈书生，等.重识与重估：皮亚杰发生建构论及其视野中的学习理论［J］.华东师范大学学报（教育科学版），2020，38（3）：106-116.

[4] 郑玲.学习结构与直觉思维：布鲁纳幼儿教育法与中国启蒙教育模式对比［J］.宁夏社会科学，2013（6）：155-157.

[5] 赵慧臣，张娜钰，李皖豫，等.中小学STEM教育的自我评价与改进建议［J］.数字教育，2021，7（4）：1-11.

[6] 赵辉，贺腾飞，王全旺.STEM教育理念下幼儿基于项目学习的模式探究：以"制作滑轮喂鸟器"为例［J］.内蒙古师范大学学报（教育科学版），2019，32（1）：63-68.

[7] 胡红杏. 项目式学习：培养学生核心素养的课堂教学活动 [J]. 兰州大学学报（社会科学版），2017，45（6）：165-172.

[8] 李志河，张丽梅. 近十年我国项目式学习研究综述 [J]. 中国教育信息化，2017（16）：52-55.

第三节　课程发展

当前，重大校园公共卫生事件的影响为学校教育的发展带来新的思考。现实给我们两种选择：一种是回到原点，重新做起我们熟悉的线下教育工作；另一种是不放弃正在迅速发展的线上教育，并与线下教育更好地融合，让教育进入一个新阶段、上一个新台阶。这是非常令人激动的一种选择，虽然可能会遇到很多困难和问题，但未来可期。线上线下融合将是未来的教育形态。

一、政策背景的推动

"互联网+"指的是利用信息通信技术以及互联网平台，把互联网与传统行业结合起来创造性的发展生态。2015年3月，李克强总理在政府工作报告中首次提出制定"互联网+"行动计划，这将为互联网与包括医疗、教育、物流、金融等在内的传统行业各领域的融合发展提供更大的空间。2015年7月，国务院印发《关于积极推进"互联网+"行动的指导意见》；2015年10月29日，中国共产党第十八届中央委员会第五次全体会议指出，实施网络强国战略，实施"互联网+"行动计划，发展分享经济，实施国家大数据战略。2018年4月，教育部在《教育信息化2.0行动计划》中提到，要持续推动信息技术与教育深度融合，推动改进教学、优化管理、提升绩效，全面提升师生信息素养。由此可以看出，在信息化的时代背景下，"互联网+"与教育教学的深度融合已成为必然趋势。

二、互联网思维的树立

线上和线下融合的教育模式不是线上教育和线下教育的简单相加，也不是线上教育对线下教育的补充，更不是轻率的替代，必须呈现1+1>2的效果。这就需要我们树立互联网思维。一是互联互通。将世界上的万事万物（如人、信息）相互联通，使之发生质变。二是去中心化。互联网时代，中心化被瓦解，每个人都是中心。我们常说的"以学生为中心"的哲学理念，没有技术保障是做不到的，互联网在技术上、物质上为它的实现提供了保障。三是共创共生、共生共创。

在线上线下融合的教育中，所有的学习者都是教育者，所有的教育者也都是学习者。每个人都是以学习者的身份出现在未来的教育形态中，而年龄、性别、文化、职业等属性都"消失"了。这就需要人们对办学理念、管理理念，包括大家都熟悉的学分、学位、学历等进行重新设计。然而，"互联网"既有它的优势也有它的劣势，优势在于其实效性强、信息更新迅速、操作便捷、沟通成本低，劣势在于它不能实现所有人群的覆盖（特别是对于老一辈人群来说）、信息零碎化、设备成本高等。因而，随着新的人类社会形态的到来，这些旧有的社会框架会被打破，更高要求、更高质量、更具有活力的教育形态则会出现在我们身边，它让每个人都能不受时间、空间的限制，找到最适合自己的学习形态和学习方式。对所有教育工作者和研究者来说，这是一个非常值得研究的课题，也是一个非常值得推动的课题。

三、人才培养的需要

我们所熟悉的线下教育有很多优势，如师生面对面的互动较便捷、学生之间会形成良性竞争和交流的关系等，这是由人的社会属性决定的。人是有感情的、有社交需要的一种动物，在集体中生活与成长是人类的天性。但是，线下教育有其与生俱来的致命弱点——班级授课制。班级授课制的施行实现了教育从少数人的个性化教育到大规模的标准化教育的变迁。这是人类文明的一次重大跃进，使得人人受教育成为可能。但实现了人人受教育之后，人类也付出了很大的代价。这个代价就是去个性化，即所有学生都要面对同样的内容、同样的进度、同样的要求和同样的评价标准。本来五颜六色、千差万别的人，在接受教育之后，思想、认知特点和个性特征变得越来越相似。在当今高速发展变化的社会中，教育需要培养的是创新型、个性化人才。因而，让教育从大规模的标准化教育发展到大规模的个性化教育成为人类的共同理想。那么，如何增强教育的个性化？学分制、选修制、走班制、弹性授课制等，都是人们为了弥补教育个性化不足的缺陷所进行的努力。以往的这些努力和改革有一定帮助，但杯水车薪，解决不了大问题，而线上线下融合教育模式则可以极大地缓解甚至瓦解教育的标准化，使得大规模的个性化教育成为可能。

四、家园互动的转变

在网络时代成长起来的幼儿，从出生伊始就被现代科技所包围，科技和信息技术已经成为幼儿生活的一部分。同时，教师和家长都在积极调整并适应科技带来的变化。对信息技术在学前教育应用持审慎态度的学前教育工作者，在不能去幼儿园的日子里，选择了线上教研、线上家园互动。家园互动的方式由此发生了翻天覆地的变化。从以前的电话到现在的QQ、微信；从传统的宣传栏到如今的幼儿园微信公众号、幼儿园网站、微博、"时光树"；从园长信箱到幼儿园邮箱；从家长讲座到"线上分享屋"、网络课堂、教学直播。媒体和科技的发展给家园互动带来了极大的灵活性和个性化。进行线上家园互动，教师和幼儿可以不受空间的制约保持有效的互动。甚至，一个班级可以与全园其他班级保持联系和合作，进行对话和交流。

信息技术进入学前教育行业是必然趋势，但是我们要清醒认识到：科技只是一个工具，它只是帮助我们将重要的东西传达给受众；科技应用于幼儿教育，不在于它可以做什么，而在于它可以怎样帮助幼儿和家庭。因此，我们永远都要将幼儿与幼儿发展摆在第一位，将科技放在第二位。应用科技的时候，要考量什么是对幼儿学习和发展最佳的选择。教育工作者应该思考的是如何确保所使用的信息技术能有效促进幼儿早期学习和全方位发展，并且确保科技不会取代幼儿的主动游戏、户外活动的时间，能让信息技术更好地辅助幼儿进行动手操作、多元材料实验以及艺术、音乐和肢体创意等方面的活动。

五、融合模式的作用

（1）提升家园共育的效果。病毒挡住了孩子在幼儿园尽情游戏的脚步，更加彰显了此刻家园共育的重要性，家园共育成为这一特殊时期幼儿园主要的教育形式，线上教育成为主要的教育途径和平台。复课之后，线上与线下教育的融合，改变了教育模式，增加了家园共育的形式和途径，提升了家园共育的效果。

（2）同向共育，形成更加深厚的育人基础，改变园主家辅的地位，家庭也有发言权。线上线下融合教育模式的发展不仅是教育模式的改变，也对家长教育观念产生了很大的冲击，对从基本儿童观、教育观发生改变，到家长对幼儿教师职业身份、家长参与幼儿园课程意义、家长参与幼儿园课程的角色的再认识，都将起到积极的、重要的社会意义，促进家园关系由园主家辅的地位到家庭也有发言权的转变。

（3）促进教师信息技术水平的提高。现代科技文明的高度发达，让人类社会的教育环境不断发生变革，新的教育理论和教育模式不断涌现，终身学习成为幼儿教师保持自身专业发展的进步阶梯。在线上教育不断发展之下，幼儿教师应做到学习资源及时共享交流、教研指导有效开展，架设线上教育教学交流平台成为当前的共识。线上教育的有效开展对幼儿教师提出了另一个专业发展需求，就是幼儿教师要成为幼儿教息化资源的使用者和建设者的双重角色。幼儿教师的双重角色建设成熟度是幼儿园线上教育可持续开展的重要保障，而积极培养幼儿园老师完整的信息化素养是幼儿教师成为信息化资源使用者和建设者双重角色的必由之路。

（4）重塑师资管理体系。一是重塑教师的教学理念，建立以幼儿发展为中心的培养理念，促进四个转变：教学方式从以教师教为主转变为以幼儿学为主；教学资源供给从以教定学向以学定教转变；教学空间从以幼儿园为主向线上线下家园结合转变；教学评价从以结果评价为主向以数据驱动的过程评价为主转变。二是教学评价促进教师行为转变和教师专业可持续发展，促进"教学相长"。三是制定教师信息化教学能力进阶标准，开展面向新任教师的信息化教学示范培训、面向骨干教师的技术与教学深度融合培训等，以促进教师信息技术教学能力的不断提升。四是营造教学文化，打造园内教学品牌活动，促进科教结合、协同育人。

（5）促进幼儿园知名度的上升。通过线上线下融合教育的实践，幼儿、教师、家长等都发生很大的转变，幼儿园各方面的规章制度重新制定、资源重新配置。从政府到学校、从领导到教师、从社会到家庭，整体协调，通力合作，逐步推进，推动幼儿园的整体发展，使幼儿园知名度上升。

随着互联网技术的深度发展、人工智能的不断成熟，人的思维方式在发生巨大变化，人的行为模式在深刻地改变，学前教育的未来教育模式必定会发生革命性的变化。重创新、扩资源、转变观念、多渠道整合建设学前教育课程的线上线下融合必然成为幼儿园教育未来发展的重要趋势和发展范式。未来幼儿园在课程建设方面要充分吸收社会"大数据"思维，丰富幼儿园课程资源数据，并且在幼儿园课程建设的学习交流、研讨指导方面，充分利用线上教育平台，加强课程建设的及时性和针对性，提升课程建设的效率。

第五章

乘风破浪的"和"团队

国学大师季羡林在《凡心所向，素履所往》中曾说："人这辈子，不管你想要得到什么，你心中所想是什么，你的志向在何方、必须要以一颗艰苦朴素之心去对待、坦坦荡荡。"幼儿园是一个大集体，集体的发展需要一个以艰苦朴素之心去对待、坦坦荡荡的"和"团队。每个成员都在这个团队里发挥自己的优势，共同合作达成目标。团队的核心是团队合作，团队合作往往能激发出团队成员不可思议的潜力。在团队合作中，合作精神尤为重要，这种合作精神来源于全体成员的向心力。在向心力的驱动下，团队成员凝聚智慧、整合资源，相互学习、不断成长，建立"和乐·创坊"教师培养模式，形成团队的"和"文化，共同打造家园共育品牌。

第一节　小小"和"团队

一棵树的根系越发达、越坚韧，越能更好地迎接未来的挑战与磨炼。对于幼儿一生的成长而言，学前教育是其"根部"；对于幼儿教师而言，从事的就是为一个民族"护根"的事业，幼儿教师可以说是"护根的使者"。要实现"让每一个生命出彩"的目标，高素质的幼儿教师团队是保证，特别是在课程改革的浪潮下，"护根"教师团队的建设需要我们关注其仁爱的底色、优质的教学、实践的智慧、创新的思维以及反思的能力，以最终实现团队的承前启后、后浪推前浪。

一、我们是这样的团队

我们生活在团体中，无论是在学校、家庭还是社会中，团体的力量会给我们意想不到的效果。"合作""双赢"，这些我们不断强调的词汇正是由人与人之间的交相碰撞产生的。德裔美国社会心理学之父库尔特·勒温提出了"团体动力学"这个概念以及非常著名的场论，他认为个体和对其行为产生影响的所有环境之间形成一个心理场，也称个体的生活空间，人和这些环境之间发生着相互作用，人的行为产生于自身与环境之间的相互作用。无论我们处于怎样的团体中，只有我们投身团体，才能感受团体中的力量。

（一）共同愿景

美国当代杰出的组织理论、领导理论大师沃伦·本尼斯曾说："在人类组织中，愿景是唯一最有力的、最具激励性的因素，它可以把不同的人联结在一起。"共同的愿景可以将团队中的每个成员凝聚起来，形成一个有机整体，并由此产生强大的驱动力，引领成员一步一步地向它靠近。它不是空泛的，而是具体的、能够激励团队中的成员共同努力的目标。

在"和乐·苗坊"课程构建之初，每个孩子都是一颗小'和'苗"的观念早已深深扎根于教师心中。孩子拥有的灵性，这使得孩子感受生活、感受世界的方式与成人不同，有许多未知的故事等待着教师和家长细细探索。每个孩子都是一个小世界，他们有自己的生活状态，有自己的成长轨迹，更重要的是，每一个孩子的生命都在以自己的方式热烈绽放。而家长和教师应该做的是尊重每个孩子的发展，同时给予孩子适当的保护，合力为小"和"苗的成长提供充足的养分和生长空间，然后静静地等待，等待小"和"苗绽放生命光彩的那一天。

当协和幼儿园、教师、家庭都怀抱着同一个愿望——"尊重每个孩子，并帮助每个孩子实现自己的个性成长"时，这个团队已经形成。当自由生长的孩子遇上特殊时期，协和幼儿园、教师、家长及时凝聚起来，努力寻找新的途径，为孩子的不间断成长搭建一个全新的平台——"和乐·苗坊"家庭教育线上课程。就是这样，为了孩子的学习与成长，协和幼儿园整合各方资源，迸发创新思维，强化对幼儿教育方式的思考，发挥云端沟通的优势，学习着以适应幼儿年龄发展特征的方式系统地、可持续性地开展线上教育，研发教育攻略，使家庭、幼儿、教师在网络中相互连接，形成一个同心协力的教育命运共同体。

（二）同心圆模式下的团队

同心圆象征着和谐、包容，基于一个圆点不断向外扩散，仿佛水的涟漪，不断激发由内而外的同心波纹。面对特殊时期的特殊挑战，协和幼儿园、教师、家长和幼儿形成了一个同心圆模式的团队，围绕幼儿发展目标，多元化开展各项家园共育工作，"和而不同，乐学乐创"，不断增强团队活力，勾勒出一幅发展蓝图。

在这个同心圆体系中，幼儿园、家庭、教师在这特殊时期的教育挑战中形成了以幼儿可持续发展为核心的圆点，合力调整心态，为了幼儿的学习与发展这个核心关键点不断迸发创新思维，家庭、幼儿园、教师成长共同体中的每一个成员都在挑战自我、历练自我、突破构想、提高站位。这不但是一场家园共育的生命教育之旅，更是师幼共长的美丽征程，所有人在这场旅行中都团结一心，共同奋斗（图5-1-1）。

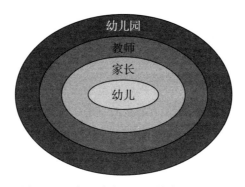

图5-1-1　家园共育同心圆模式下的团队

"和乐・苗坊"家庭教育线上课程是在特殊情况下的幼儿园课程建设的一种新尝试，这一次大胆的尝试是对协和幼儿园多年家庭教育经验的一次综合验证，幼儿园把关顶层设计，厘清教育发展方向、课程的架构和板块的内容，让课程展现的形式不断丰富，凸显时效性、实效性。教师集编辑、文案、美工于一身，导演、编剧、场记、主演身份随时切换。教师对课程实施的能力从现实生活延伸到虚拟空间，其提升信息化技术水平以更好地为线上家庭教育的指导服务。此外，课程中大量精美的内容源于教师的不断主动学习和提升，越发呈现编辑和演绎的高质量。在家长为幼儿筹备、策划以及和幼儿亲历学习的过程中，随着课程板块的推进，家长与教师的行动越来越一致。随着对幼儿的理解和对教育的认同，越来越多的家庭以各种丰富的形式参与到课程中，他们呈现的幼儿作品、学习记录越发频繁地出现在"和乐・苗坊"各个反馈板块上。

二、"和乐・创坊"教师培养模式

为进一步加强教师队伍建设，努力营造有助于教师专业成长的良好氛围，使教育教学目的得以实现，协和幼儿园制定了相应的教师培训课程和模式。在居家隔离期间，继"和乐・苗坊"家园共育家长课程模式成功上线推行之后，为促进教师专业成长、培养教师自主学习能力和思考能力、团结教师队伍力量，协和幼儿园经过层层筛选，选择了一批具有潜力的优秀青年教师，组建了以"和乐·创坊"为品牌的教师成长工作坊，根据教师各自的优势和特长，组建了课程研发精英组和环境创设精英组，探索停学不停研的"和乐"教师课程。

（一）"和乐·创坊"教师培养目标

协和幼儿园充分利用特殊时期发掘年轻教师优点，提升年轻教师教学能力、写作能力和思维能力，磨炼年轻教师专业素养，为幼儿园长远发展打下坚实基础。"和乐·创坊"的目标是培养一支"能做、能说、能写"的综合型高素质"和乐"教师团队。"能做"是指实践经验丰富，教学能力强；"能说"是指推广辐射经验丰富，指导能力强；"能写"是指教科研经验丰富，写作能力强。

（二）"和乐·创坊"教师培养内容

"和乐·创坊"教师培养内容以《幼儿园教师专业标准（试行）》为依据，以"和乐"课程理念为引领，根据教师专业发展阶段和不同岗位的发展需要制定，由理念篇、师政篇、专业篇三部分构成。理念篇包括办园理念和教育理念，师政篇包括师德学习和政治学习，专业篇包括专业理论和专业实践。

1. 专项培训

专项培训是指针对不同专业发展阶段的教师，培训的课程内容都有所侧重。

新教师（工作三年以内）：进行园本培训和区本培训，主要内容包括幼儿教师职业的理念构建和人际关系处理等课程，以让新教师得到充分而快速的成长。

经验型教师（工作三年以上）：进行园本培训、市本培训及省本培训，主要内容包括相关的情绪调节和专业发展课程。

研究型教师（专业发展较成熟）：进行园本培训和国本培训，主要内容包括幼儿园特色品牌形成及教师专业深入研究。

教辅团队：进行园本培训和专业资格培训，主要内容包括思想政治理论及专业知识技术的课程，以加强教辅团队的专业性，从而为幼儿及家长提供更好的服务。

2. "和乐"研耕

"研耕"主要以以研导学、以研促教、以研优教的形式进行教师研耕活动。

以研导学：定期邀请专家来园进行教师研耕培训，针对当前学前教育发展趋势以及研究热点开展专题研讨活动。

以研促教：定期开展教师教研的相关活动，根据不同的儿童学习特点与发展领域进行研讨，研究、学习当前教育一线面临的教学问题。

以研优教：教研组长组织教育教学研讨活动，让教师及时得到具有针对性和有效性的建议，不断在实践过程中优化教育教学活动，提高教育教学技能。

3. 师徒结对

让一名年长教师与一名年轻教师结对，一起参与研讨活动，互相交流学习。

年轻教师与年长教师的共同成长是一个幼儿园教师队伍迅速发展的源源动力。年长教师带着年轻教师共同参与课题研究、进行专题研讨，在此过程中，年轻教师与年长教师的思想和经验互相碰撞，能更好地促进教师队伍的综合素质迅速发展。

（三）"和乐·创坊"教师培养实施方法

具备"实践型+研究型"素质是当今社会对一名教师的基本要求，"和乐·创坊"通过实施多样化的教师培训活动，促进教师不断凝练教育智慧和经验，实现从实践型教师向研究型教师的转变。

1. 精英组

协和幼儿园组建了课程研发精英组和环境创设精英组。在居家隔离期间，课程研发精英组和环境创设精英组坚持停课不停研。课程研发精英组主要负责课程研发部分，包括家庭教育大讲堂、"和乐·苗坊"课程活动等；环境创设精英组主要负责研究幼儿园的环境创设和课程前期的环创方案，同时定期组织教师研讨、集体磨课等活动，两个精英组互助互促，在每日的"切磋"中共同进步，不断完善"和乐·苗坊"课程建设，促进家长、幼儿和教师共同进步。

2. 一师一特长

随着新课程改革的不断深入，社会各界对教师提出了新的要求。"和乐·创坊"制定教师专业培训模式，引导每一位教师不断追求进步，培养自己的个性特长。本培训模式通过制定教师专业知识与能力培训系列主题，让每位教师自选一个主题进行深入研究，促进教师专业成长。

3. 个性化师资培养方案

"和乐·创坊"推行个性化师资培养方案，每学期由教师自定学期目标及实施计划表，期末检测目标达成情况。

4. 提供展示平台

"和乐·创坊"提供园、区、市、省各级别"小讲座"平台，即教师分享平台，给予每一位教师充分的机会去展示自己。例如，开展"一班一主题"班级环创设计稿比赛，教学部门根据班级需求购买材料，充分发挥教师的自主性。促进教师从实践型教师向研究型教师发展，以任务促成长，增强教科研对教师协同创新能力的培养，促进园内、区内教师之间的展示与交流，让已成长起来的教师带动更多的教师成长，提高整体教师专业素养。

5. 充分运用信息技术手段

"和乐·创坊"在课程设计和开发等过程中充分利用信息技术手段，开展丰富多彩的研讨和交流活动，提高教师工作效率，丰富课程内容和表现形式，保证学校教育教学工作高质量有序推进。

（四）和乐·创坊教师评价

以教师成长档案为载体，运用反思、访谈、记录、考核等方法，从"我的学习""我的反思""我的进步"等方面，帮助教师在实施课程的过程中对自我进行评价。在此过程中，教师不断根据幼儿的情况及家长的反馈意见，了解教育教学的进展状况，调整教育教学方案，从而提高自己的专业能力。

第二节 小团队的大智慧

一部好作品的背后一定有一个团结而充满智慧的团队，或运筹帷幄绘就蓝图，或集思广益添砖加瓦，或巧妙构思细说故事，或事无巨细陪伴成长……协和幼儿园的教师、家长不声不响地记录着孩子在成长这部电影中的一颦一笑，见证着台前幕后的每一个时刻。他们陪伴着一部影片成像，而后又默默地"潜藏"起来。

一、蓝图构建"总导演"

什么是导演？导演是一个会讲故事的人，他们知道如何将理想中的观念用镜头表现出来，至于怎样表现、如何调度演职人员以及把控节奏，都是导演需要考虑的问题。

在每一所幼儿园里，园长像电影的总导演一样，心中有蓝图，手中有画笔，组织和团结剧组内所有的创作人员，发挥他们的才能，将所有人的创造性劳动融为一体，最终呈现作品。作为导演，必然要对这部电影的基调和情节发展有着方向上的把握。

在协和幼儿园里，整部电影的基调围绕"和乐"二字。源于百年历史的沉淀，"和而不同，乐学乐创"的发展愿景成了这所幼儿园的文化印记，奠定了幼儿园温暖的情感基调，每个孩子都可以在这里获得不同的体验，完成自我的实现。

基调奠定整部电影的发展基础，在特殊问题产生时，园长领导团队结合"停课不停学"的实际需要，构建出课程的顶层设计，厘清教育发展方向、课程的架构和板块的内容，让课程展现的形式不断丰富，凸显时效性、实效性，让每个孩子都可以在家最大限度地按照自己喜欢的方式获得各类经验，实现不间断的成长。

二、完整统筹"制作人"

一部影片从无到有，从它的形成到与观众在院线相见，见证其诞生过程的除了导演外，还有一个角色，那就是影片背后的孕育者——制片人。

在我们的团队中，有这样一些教师，他们协助"导演"共同构建出家园共育课程体系的蓝图，并为这一体系的落实和完善添砖加瓦，使课程的实施从内容到表现形式都更加完整。同时，他们监督整个影片的制作过程，从提出"和乐·苗坊"课程的四大板块，到板块下各主题的确定，再到制订"拍摄"计划和落实，直到最终呈现，他们贯穿了课程从制定到最终呈现的全局。

在一个课程体系从建立到实施的过程中，核心团队的存在是至关重要的，如同在一部电影的呈现过程中，制片人对全局的统筹规划可以帮助导演将故事讲述得更加生动、将情节展得现更加具体，让电影能够保质保量地尽快完成。

三、板块呈现属"编辑"

一部好的影片，方向把控靠导演，完整统筹靠制作人，而内容的完美呈现需要"编辑"的细致加工。特殊时期的居家需要使得教师对课程实施的能力从现实生活延伸到虚拟空间，教师要提升信息化技术水平，以便更好地为线上家庭教育的指导服务。每个板块下各主题的实施，如何给家长明确的教育指引，吸引家长积极参与，都需要教师们对呈现的内容和形式进行反复斟酌。

"编辑"将课程蓝图和板块内容用直观的方式展现出来，变成可视化的成果，让每个人都能看到孩子思维的过程和最后的作品。孩子的精神世界、学习方式和情感表达在这里得到充分展示。

四、素材收集担"场记"

一部制作精良、画面经得起推敲的影片，往往离不开一位优秀的场记配合。场记是牵系起整个电影幕后的重要角色，是影片从创作到完成过程中最重要的助手。场记的职责包括：记录、整理和撰写影片拍摄现场的工作情况，收集各部门对导演的反馈、意见、建议和要求，记录各部门的创作情况、沟通情况、任务落实情况等，协助、协调以及检查、监督各部门的创作情况，等等。仅从场面调度一项来看，如果不设置场记的话而凭导演口授示范、演员走位，导演和演员双方都仅仅凭头脑记忆，极容易遗忘，而且会严重干扰导演和演员的即时思考调整。而设置了场记以后，场记做好了记录工作，事后就有文字和图片可以查对，也可以随时分析发现存在的问题，及时调整。

风劲帆满图新志，砥砺奋进正当时。容易的路会越走越难，困难的路会越走越宽。教师在"和乐·苗坊"课程的这部"影片"中，除了担当创作者、制片人、编辑等角色外，还担当"场记"角色，每一次研讨会议、每一次学习交流、每一次磨课，他们都及时做好记录，及时复盘当日"场记"，分析"创作""排练"情况，并进行及时的反思，以调整计划和方法。

五、人人都是小主播

教育家陶行知先生说过："人人都说小孩小，小孩人小心不小，你若以为小孩小，你比小孩还要小。"在"和乐·苗坊"课程这部"影片"中，每个孩子都是主角，人人都是小主播。他们对课程中抛出的问题都充满好奇心，迫不及待地去探索、去发掘，制订自己的计划并执行，他们的一部部作品就是构成这部"影片"的一帧帧画面，他们的成长就是"影片"最好的呈现。

例如，在谷雨节气中，为了能见证蚕宝宝的蜕变，小"和"苗们都很希望自己能亲自照顾蚕宝宝，做蚕宝宝的饲养员，陪伴它成长。经过一番讨论，小"和"苗决定按小组来认养可爱的蚕宝宝，让大家都能成为蚕宝宝的小小饲养员。在中国共产党建党100周年之际，幼儿浸润在红色经典之中，感受到作家们对祖国和党的热爱，他们用真挚的情感演绎红色经典的内涵，或深情款款，或抑扬顿挫，用稚嫩的声音抒发对祖国的热爱和对未来的憧憬。他们通过诵读这座奇妙的声音桥梁，汲取红色养分，感受信仰力量，传递红色经典，坚定理想信念。

第三节　成长中的团队

一、互相学习，增强活力

协和幼儿园充分发挥专家引领作用，共同为团队的成长和课程建设提供指导和建议，促进协和幼儿园教师团队协同发展，提升教师队伍专业化水平，充分发挥协和幼儿园示范性的辐射作用。

通过每一次跟岗学习、每一次教研活动、每一次外出学习等，教师和家长在合作学习中不断提高自己的专业知识和技能，实现自我超越。同时，教师和家长通过知识共享，将知识转化为显性的、共享的、持久的和可传递的资源，使整个师资团队拥有比个体更大的储存知识、应用知识和创新知识的潜力，特别是具有将个体知识创新纳入特定方向并加以支持扩大的能力，产生了大于个体学习总和的整体学习效果，使团队智慧超过个人智慧的总和，实现新的组合和创造，并将所得到的共识转化为行动，以更好的方式进行教育教学活动，使潜在的团队智慧变为实在的团队智慧。

例如，在发布微信公众号家国情怀板块的前一周，协和幼儿园家校团队先经过板块组内的讨论，组员各自提出自己的初步构思、厘清脉络主线，经过相互碰撞并提出合理性建议，意见达成一致后再书写方案文稿。活动的启动项、小结项方案初步成型后，家国情怀组内成员继续斟酌文字的表达，把握家国情怀板块的主旨，以凸显家国情怀板块的价值。"和乐·苗坊"课程组成员听取板块组内成员的汇报后，对计划的可行性进行了激烈的讨论，大家各抒己见，把方案中有争议的点拎出来研讨，对标题、文字、表现形式、创新性等方面的细节提出建议，力求方案更加完善。

二、凝聚智慧，提升等级

把幼儿真正放在幼儿园、家庭与社会的中央，凝聚家庭、社会多方智慧，让家长资源和社区资源的利用建立在幼儿需要与课程的需要上，不断努力提升育人等级，只有这样，协和幼儿园才能真正实现"让每一个生命出彩"。在家园共育课程实践中，协和幼儿园考量课程主题活动的可行性首先考虑有没有适宜的课程资源，已有的家长资源要在幼儿需要的时候做到有的放矢，除了把资源"请进来"外，还要让幼儿"走出去"。去形式化，回归儿童、回归教育本质，使得教师明白家园共育的真正意义，家长发现自己在与幼儿园同频共振中的作用，并共同感受家园共育教育观下的学前教育带来的课程创生与资源和谐。

第六章

家园共育课程中的
家长"升级"

幼儿的成长是家长与教师的共同责任。毋庸置疑，家长在幼儿的成长过程中扮演着多重重要角色。对于幼儿园来说，家长既是基本的教育者，也是幼儿园课程的重要参与者，家长在幼儿园的课程建设中同样扮演着多重重要角色。家长是幼儿信息的提供者、幼儿活动的督促者、幼儿园课程材料的提供者、幼儿园活动的参与者、幼儿经验的提供者、幼儿园课程的审议者乃至幼儿园课程的评价者等。家长将孩子送到幼儿园，不是其教育责任的移交，而是家长有幸在教育孩子方面增加了专业的合作者。随着课程改革的进行，家长在家园共育中扮演的角色也应不断"升级"。

第一节　家长的角色定位

"家长的角色定位"用通俗的话来讲就是家长面对孩子时，明确"我是谁""我应当做什么"。家长是学生的第一任教师，家长在家庭中、教育中扮演的角色非常重要。家长角色的主要扮演者是父母，其角色认知、角色扮演的方式和技巧，不仅反映了家长自身素质，而且在与孩子的角色互动中对孩子的社会化产生重要影响。在个体扮演的各种角色中，父母在家庭中、教育中所扮演的角色对孩子的影响之大，其作用之持久，往往要超过其他人。同一个班级的孩子会有很大的差别，其中一个主要原因就是家庭教育存在着极大的差异性。

一、角色需求

当今社会，每一个家庭对孩子的重视都达到了空前的程度，对于大多数家庭来说，面对家中唯一的孩子，父母非常关心他们的成长和对他们的教育，为孩子的付出之大，可以说是史无前例的。为什么全身心地为孩子付出，却往往事与愿违？为什么对孩子管得越多，孩子身上的毛病越多？家长还遇到了许多始料不及的问题。家园共育课程的建设为家长提供了很多帮助。协和幼儿园构建了家长学校课程，为家长在家园合作中不断"进阶"提供了平台。

（一）问题初现

重大校园公共卫生事件让人们不得不居家隔离，孩子和家长长时间的宅家和相处，亲子关系、家庭养育等矛盾和问题逐渐出现，此时，家长必须转换原来的角色定位。

1. 亲子沟通

亲子沟通不仅对一个家庭的发展有影响，而且对幼儿的心理发展和个性发展都起着重要作用。幼儿阶段是孩子性格形成的关键时期，父母若能在幼儿阶段与孩子形成良好的沟通模式，会为之后成长阶段的亲子沟通及孩子良好品格的形成奠定基础。孩子天生喜欢和父母交流，在成长的过程中遇到困难或有困惑，首先想到的倾诉对象就是父母。然而，在实际生活中，有很多家庭都缺乏亲子沟通，很多家长在和孩子沟通的过程中缺乏方法，也缺乏尊重和共情。在孩子的成长过程中，如果家庭缺乏有效的交流和沟通，孩子的心事没有倾诉的渠道，时间久了，孩子自然会关上自己的心门，导致亲子间的隔阂。实际上，每个孩子的问题都是父母的问题。孩子是怎么一步步和我们变得疏远的，做父母的需要认真反思。

例如，在居家隔离期间，家长与孩子之间的关系受到影响，他们之间的沟通或多或少表现出不同的问题。这些问题主要表现在以下几点：

一是期望与现实的冲突。现在的家庭教育普遍存在着四大冲突，即期望值与孩子表现的冲突，保护孩子与溺爱的冲突，交往的冲突和评价的冲突。

二是忽视幼儿心理健康。每个人的孩童时期都会有四种心理需求，即父母的爱护和关心；得到别人的赞赏；被接受，被尊重；在家里有地位。

三是感情缺位。目前，我国的离婚率处于历史较高水平，由于工作原因父母长期分居、再婚重组、工作奔波等，这导致了单亲家庭、继父继母家庭、流动家庭、隔代抚育家庭、温暖缺失家庭等的产生。在这样的环境下成长，95%以上的孩子的情感世界会出现不同程度的偏差。幼儿对身边和社会的人际关系及个人情感都会带有家庭的色彩。

四是对孩子的不信任。对于孩子来说，父母是他们的全部世界，孩子对父母有着天然的爱与信任。一旦这种信任被辜负，对孩子来说就是伤害的开始。

五是缺乏亲子沟通技巧。法国教育家卢梭曾说过，世上最没用的三种教育方法就是讲道理、发脾气、刻意感动。只讲大道理，不关心孩子内心的想法是"伪沟通"。很多时候，不是孩子不想和父母沟通，而是父母对孩子真正的需求置若罔闻，把自己的想法强加在孩子身上，导致孩子从此关上了心门。世界上最聪明的沟通方式是共情沟通。因为只有共情，才能让孩子遇见温暖。

2. 两代共育

众所周知，中国大多数孩子的教养都有祖辈参与其中，两代共育的情况在当下社会比较普遍。不可否认，隔代教养作为家庭教养的重要补充，与家庭教养形成两代共育仍然是我国幼儿养育的主要模式。

在两代共育的情况下，祖辈与父母的关系、父母与孩子的关系、祖辈与孩子的关系，不仅会对家庭成员间健康的关系产生影响，还会对孩子的成长产生影响。

祖辈一般有着丰富的育儿经验，比父母有更充足的时间和耐心陪伴孩子，因此祖孙之间的关系更为融洽，能给予孩子安全与归属感，有利于发挥家庭对于儿童早期社会化的重要作用。但隔代教育经常会陷入"百依百顺""宠惯消费""姑息纵容""包办代替"等误区，导致孩子在发展过程中出现诸多问题（如自理能力弱、不善社交等）。此外，祖辈教育孩子的理念往往较为落后，感性多于理性，并缺乏科学、先进的教育方式。祖辈与父母之间的教育分歧可能会在一定程度上引起家庭冲突，从而影响孩子与父母之间的关系，并在一定程度上导致孩子的问题行为与不良情绪的产生。

3. 家庭教育误区

（1）忽略孩子情绪，爱讲道理。

在家庭教育中，我们最常听到父母说的一些词是"没事""没关系"，然而这些词的潜台词就是"你现在所经历的不值一提""是你的问题""你事情太多、太娇气了"，父母常常会轻视与忽略孩子当下的困境，甚至对孩子表达的情感需求不予回应。处在这种情感模式中，父母和孩子会习惯性地忽视彼此的情绪，甚至将这种忽视一代代传递下去，父母说话会越来越武断、强势，孩子会越来越没有安全感。

（2）盲目使用物质奖励来强化幼儿行为。

在生活中，我们常常听到这样的话，或者你也对孩子说过这样的话：你期末考双百的话，我就带你去吃披萨；你这周好好吃饭不挑食的话，我就给你买玩具；你学会这首钢琴曲，我就允许你周末多玩一小时……第一次提出这些要求时，孩子会朝着目标努力，但第三次、第五次时，一顿披萨要变成两顿、一个玩具要变成一个系列……让孩子能够继续努力的砝码变得越来越重。孩子甚至会习得这种谈条件的方式，主动提出："妈妈，我背了七行单词，晚上可以多看两集电视剧吗？""那我再背两行可以吗？"仅仅盲目以物质奖励的形式强化幼儿的行为，会产生消极作用，不利于幼儿良好行为习惯的养成。

（3）既怕孩子输，也怕孩子赢。

有的家长特别怕孩子输，即便是休闲时光里的亲子游戏，明明自己胜过孩子一大截，也要想方设法让孩子赢；有的家长则经常拼尽全力打压孩子，生怕孩子顺风顺水就会"骄傲了""飘了"。怕孩子输，从表面上看是家长希望给孩子自信，但其根源是家长不够自信、不够相信孩子。第一，家长不相信自己对孩子的教育，潜意识里认为孩子特别脆弱，可能会被一次两次的游戏失利击垮；第二，家长对自己处理孩子负面情绪的能力不够自信，所以不愿意面对孩子的失败以及失败后孩子可能出现的沮丧、失落、生气等。怕孩子赢，从表面上看是家长在教育孩子如何面对挫折，但容易让孩子陷入"俄狄浦斯冲突"无法自拔，变成不自信、"不敢赢"的人。"俄狄浦斯冲突"一词源于欧洲文学史上的一个悲剧人物，它在心理学上的意思是：如果孩子在年少时总被父母打压，或者在取得成绩时被父母攻击、嘲讽，他们就会认为自己不配成功，甚至认为成功后必定跟随着巨大的惩罚，进而因为这个想象中的惩罚不敢成功。

（4）重智育，轻德育。

孩子的全面发展包括德智体美劳等各方面。家庭教育主要是针对孩子的情商培养。家长在日常生活中的一言一行、一举一动都会成为孩子模仿的对象，而模仿是孩子最初的、也是最熟练的学习手段。因此，家长要以身作则，与其告诉孩子怎么做，不如做给孩子看。

（5）过多注重己愿。

现代社会竞争激烈，每个家长都不希望自己的孩子输在"起跑线"上。很多家长会把自己的人生梦想或人生意愿强加给自己的孩子。于是，常有家长不顾孩子的生理和心理的发育规律，盲目实施超前教育的"拔苗助长"行为。当然，也有一部分家长相信"水到渠成"，对孩子采取放养态度而错过了最佳教育契机。如果孩子违背了家长的意愿或是达不到家长的目的，一些家长就会万分失望，这其实违背了家庭教育的另外一个原则——"以人为本"。孩子是家庭教育的核心，家长应该尊重孩子的意愿，并合理地引导他们。

（二）进阶目标

幼儿园课程是为幼儿提供经验的过程，是幼儿活动和学习的内容及过程。家园共育课程则是指家庭和幼儿园共同为幼儿提供经验的活动和学习内容及过程。家长作为家园共育课程的参与者和支持者，需要在课程中明确下面两个目标：

一是作为家长角色，家长真正把参与过程当作履行作为家长对孩子的责任，并在参与的过程中发挥积极性、主动性，去充分感受孩子的需求及家园共育所面临的问题，真正为幼儿的发展提供尽可能的服务。

二是进阶为参与课程建设的角色，真正了解幼儿园的教育并积极参与进去，了解幼儿的教育需要，了解教师为幼儿所做的努力，了解什么是家长的作用，了解自己需要成长的部分。

二、角色升级

家长所扮演的角色不仅具有其特点，还有其特定的角色规范，这些规范会随着社会的发展或者角色的改变而发生改变。在家园共育中，参与家园共育课程建设的家长成功升级角色，不再只是家长角色，而是拥有家长、课程建设参与者（教师）双重身份。

（一）家庭系统中的家长角色

家庭系统理论把家庭当作社会系统中的一个基本单位，每个家庭成员都是这个单位中的一部分，它不再以一种孤立的视角看待个体发展，而是强调在家庭这个系统中每个家庭成员的行为、情绪等的相互作用以及对彼此造成的影响。因此，家长、家庭环境对于幼儿的成长来说非常重要。作为家长，一定要重视并扮演好自身的角色，为孩子的成长助力。

1. 家庭系统理论与家长角色

家庭系统理论认为，个体的问题是其原生家庭每个成员相互作用的结果，主张把个体问题放在整个家庭背景下看待。大量的研究表明，原生家庭与个体心理及行为健康发展关系密切。这就是教育者常常说的："每一个问题孩子的背后，往往都有一个问题家庭。"个体成长的过程是自我感情从其感情所依附和寄托的家庭系统中分化出来的过程，自我分化是个体成熟和心理健康的最关键个性变量。

个体的原生家庭质量和亲子关系密切相关。家庭是个体最早的学习场所，父母是孩子最好的老师，所以家庭成员的相处模式、情感表达方式等都有可能被个体内化成自身的一部分。原生家庭质量不良、亲子关系差，容易造成个体的不良分化。不良分化的个体更容易被自动化的情绪反应所控制，缺乏应有的理性判断，在面对压力冲突时容易表达出更多的慢性焦虑。当这样的个体成年以后，又会将这样的未分化的状态投射给下一代子女，出现同样的家庭冲突、情绪表达、三角化等情况，进而影响孩子的分化水平，形成一个恶性循环。

此外，每个家庭都有两套分系统，第一套是家庭情感系统，它让我们的家充满温暖，它有两个关键词：一个是爱，一个是连接。第二套是家庭权力系统，它也有两个关键词：规则和引导。这两套分系统相互协同和促进，在孩子的成长过程中，缺一不可。家长在这两套分系统中，相应地充当着重要角色。在家庭感情系统中，家长是照顾者、养育者、守护者、陪伴者等；在家庭权利系统中，家长是监护人、规范者、朋友、引领者等。不同的角色体现了家长与幼儿之间不同的互动模式，都在真真切切地影响着孩子。

因此，作为家庭系统中的重要角色，家长应该努力营造和谐温馨的家庭氛围，为子女的成长创造一个良好的环境，培养良好的亲子关系，注意不要把孩子牵扯进家庭成员之间的冲突之中，为孩子的心理及行为健康发展打好基础。

2. 家庭系统理论下的家长社会角色

美国学者兰根布伦纳和索恩伯格将家长在参与学校教育过程中所扮演的角色概括为三个层次，分别为支持者和学习者、学校活动的自愿参与者以及学校教育的决策参与者。在第一层次中，家长扮演的是照顾者、养育者等传统角色；第二层次是在第一层次的基础上，家长更深一步参与到学校具体的教育事务中；第三个层次是指家长作为社会公民享有积极参与公共事务的权利，家长应该成为学校教育决策的积极参与者。这三个层次充分体现了在不同社会角色下家长参与的不同层次，其中，学校教育决策参与者所体现的是家长参与校园教育的最高层次。

随着家庭与社区在学校教育中的地位与作用日益凸显，家长成为学校教育改革的重要主体，家长参与的公共性价值越来越突出。结合家庭系统理论，家长参与的角色升级有助于提升幼儿各方面的发展。就家长和教师而言，家长参与可以更新家长和教师各自以往的教育观念和教育方法，实现双方的共同成长，从而促进家庭的成长；就学校而言，家长在参与的过程中所暴露出来的问题和矛盾，有助于促进学校的变革；就社会而言，家长参与有助于弱势群体更好地为孩子的成长提供有效的支持。

（二）充实发展中的家长角色

家长对学校教育的参与通常被认为具有积极的价值，不仅有利于促进幼儿的成长以及家庭教育的改善，而且对于学校变革目标的达成有着至关重要的影响。家长参与不仅是一项私人事务，也表现出公共事务的一面。为此，家长角色应在传统角色的基础上不断充实，以适应学校教育变革。

1. 背景：偶然性和必然性的组合

（1）偶然性。

家长参与是家长面对幼儿成长所采取的一系列积极的教育行动，家长的这种参与行为不仅包括具体的行动（如监督和检查家庭作业、参与学校组织的活动、家校沟通等），还涉及情感参与以及认知参与，如针对幼儿偶然出现的问题寻找解决问题的对策。幼儿问题主要是指幼儿的行为和语言所表现出来的问题。例如，有时候，家长会发现，有一段时间孩子对某个现象或领域特别感兴趣，孩子一回到家，就热烈讨论有关这个现象或领域的问题，而且每天都有十万个为什么。这会让某些家长感到不堪重负，因为孩子问的某些问题可能家长没有听说过。家长知道幼儿园并没有对此知识做硬性要求，但面对孩子充满兴趣和求知欲的眼神，家长必须不断地学习，去想方设法找到答案并传授给孩子。后来，家长自己也对该领域产生了浓厚的兴趣。这就是孩子现实的偶然问题带来的家长的发展。再如，某个孩子攻击性行为明显增加，作为家长不能坐视不管，但应该采取什么样的有效策略呢？这些都是促进家长积极参与的偶然因素。

（2）必然性。

家长参与是家庭与学校二者协同、互动的过程。学生的发展离不开家庭、学校以及社区的相互支持与配合，尤其是在社会分化与价值多元的现代社会，这种协同合作更有其必要性。在当今社会中，家长参与学校教育不仅是个人权力的表达，也是社会民主在个体层面的微观实现，家长参与能提高社会福祉和个人幸福的效益。学校教育对家长是教育主体的"确认"不仅是"多了"一个教育主体，也是挖掘与创生"家长参与"价值的前提。

2. 家长社会角色的转变

家长在扮演参与者的角色的过程中所面临的问题包括：如何为幼儿园提供和展现自己特有的课程资源，如何与教师进行有效的沟通，如何将自己的课程见解转化为幼儿园课程的实践，等等。因此，家长社会角色需要进行转变，具体包括以下几种。

（1）环境营造者。

家长不仅是良好家庭环境的营造者，也应该成为营造良好幼儿园环境的积极参与者。每一个孩子都是一个独立的个体，他的成长取决于家长和教师给他营造的、直接包围着他的"教育小环境"。这个小环境的生态状况是真正影响幼儿成长的决定性因素。家长作为和孩子接触时间最早、最长的关键人物，是"教育小环境"的主要营造者。

（2）节奏引领者。

幼儿由于身心发展的特点，对周围事物的认识和理解有一定的局限性，在活动中常常会出现各种各样的问题，需要家长、教师的及时帮助和引导。家长不管是在家庭生活中还是在参与学校教育中，都应该做一个观察者、一个参与者、一个引导者，尊重每个孩子先天的气质和个性，给他们一些时间，让他们按照自己的节奏来完成目标，一起陪着孩子们去体验和感受。

（3）态度示范者。

日本作家五味太郎在著作《孩子没问题，大人有问题》中列举了十种类型的大人：总是心神不定的大人、早已筋疲力尽的大人、总是试图考验孩子的大人、就是喜欢义务和服从的大人、任何时候都不懂装懂的大人、喜欢贬低他人保持优越感的大人、总是对自己在社会中的位置忐忑不安的大人、本应引导却喜欢教导的大人、缺少学习精神的大人、不知何时已经不想做人的大人。从这十种类型可以看出，作为成年人的"大人"仍然面临着成长的艰巨任务。儿童的许多问题其实在本质上都是成人造成的。善于教育的成人，往往是善于向儿童学习的人。儿童是一面镜子，从他们的身上可以看出成人教育的成败得失，看出成人应该改进与反省的行为。这样，成人就会与孩子一起成长，社会也因此更加美好。

参考文献：

［1］吴雨薇.论原生家庭对个体发展的影响：从家庭系统理论出发［J］.泉州师范学院学报，2017，35（3）：88-92.

［2］王明，朱知慧.学校变革视域下的家长参与：内涵、困境与突破［J］.当代教育科学，2019（12）：60-65.

第二节 "升职"的家长

家庭和幼儿园是影响幼儿发展的两大主要环境。家园共育需要充分考虑原生家庭的情感要素及其与幼儿园教育专业因素的结合，通过形成教育合力来促进幼儿的社会化和教育资源的整合。在家园共育课程的实施中，家庭和幼儿园之间不仅要保障基本的合作和沟通，还要基于幼儿的有效发展开展积极合作。家长和教师是这两大环境课程中的施教者和参与者，两者的角色定位和教育质量共同决定着幼儿的未来发展走向。

一、一树百获

在现代教育理念指导下，人们已经开始关注家长与幼儿园课程之间的关系，在这种关系下，人们主要关注的是家长对幼儿园课程建设的参与。家长参与幼儿园课程，一方面，与家长教育意识的增强有关，他们意识到自己的参与对于家庭、幼儿成长的重要意义；另一方面，与家长对幼儿园的关注投入增加而获得的话语权增加有关，家长的投入反过来促进他们增加对幼儿园的了解，从而了解幼儿园希望与家长合作些什么，让家长看到家长的努力与教师的努力息息相关，看到家长的努力与幼儿的成长息息相关。

（一）对幼儿的意义

《幼儿园教育指导纲要（试行）》实施的十多年间，"家庭是幼儿园重要的合作伙伴"的理念逐渐深入人心。随着学前教育改革的逐渐深入，家长成为幼儿园课程建设的重要参与者已经成为现实需求。幼儿园应该有意识、有计划地引导家长参与课程建设，探索更多样化的途径推动家长参与到课程决策、实施和评价中，共同为幼儿的学习与发展创造良好的环境。

1. 获得乐体验

幼儿的发展离不开家园双方影响力的"汇合"。国内外大量研究成果显示，家长参与幼儿园课程对孩子的学业成就、发展水平影响深远。我国李生兰等人的实证研究证明，幼儿的总体发展水平与其家长参与幼儿园家长活动的次数成正比，与其家长援助幼儿园教学活动的程度成正比，与其家长配合幼儿园的教育活动的程度成正比。可见，家长参与幼儿园课程对幼儿的成长大有裨益。例如，家长的充分参与能缓解小班幼儿的分离焦虑，使幼儿能更顺利地融入新环境；家长的参与可以帮助大班幼儿以更广阔的视角认识世界，大大拓宽幼儿的知识面，激发幼儿求知的兴趣；家长的参与能让幼儿积累更丰富的人际交往经验；等等。

2. 实现乐成长

深度学习是指幼儿能动地参与教学的活动总称。因此，发现学习问题、解决学习问题、体验学习等均属于深度学习的范畴。在深度学习中，幼儿围绕问题引出种种思考和解决问题的方法，教师则需要判断他们此时"知道了什么""能够做什么"，从而制定学习规则，并展开一系列旨在解决问题所需要的知识与技能的探究活动。因此，深度学习有三个特点，即主体性、对话性、协同性。深度学习的意义是发展幼儿广泛的技能、态度（能力），培育幼儿的人格（个性）成长。对于幼儿来说，能否直面周围环境所产生的种种问题并和不同的幼儿协作，合理探究最优的解决办法比单纯的知识学习来得更加重要。协和幼儿园家园共育课程将"家园共育"放在一个相对长线的时空中，通过引导家长认真思考、深度参与，激发家长在教育中的积极性和主动性，这对幼儿来说具有多种意义（让学习可见、让思维发生、让文化浸润、让能力表现、让生命出彩）。

（1）让学习可见。

在幼儿园中，为了帮助幼儿获得最佳的学习结果，幼儿园需要可见的学习。"可见"具有两层含义：一是让教师看得见幼儿的学，教师始终知道自己的作用；二是让幼儿看得见教师的教，幼儿逐渐成为自己的教师。幼儿园教育最重要的一个目标就是帮助所有幼儿发展终身学习的习惯和能力。

在幼儿园的家园共育课程建设中，幼儿的个人及家庭因素是幼儿园无法控制的，在幼儿园能够控制的变量中，除了教师外，幼儿园还需要通过引导家长参与来尽可能地对幼儿展开了解，找到差异的真正来源。也就是说，教师既要看得见自己的教对幼儿的学产生的影响，又要在多种因素中找到幼儿之间形成差异的真正原因，并实施有针对性的教学策略。

（2）让思维发生。

随着教学改革的实施，自主性学习已然成为对学生的一大要求。学前阶段是个体形成良好习惯和学习品质的重要时期，在该阶段提高幼儿的自主性，促进其自主"分析、评价、创造"的思维的发展，能够为其将来的学习和生活打下良好的基础。幼儿自主"分析、评价、创造"的思维是发生在较高认知水平层次上的心智活动或较高层次的认知能力。在幼儿园的一日活动中，教师的一日活动安排日渐合理，提供的材料日益丰富、科学，对幼儿活动的指导日益恰当、有效。因而，幼儿在幼儿园的自主性得到有效发展。然而，随着改革的深入以及家园共育工作的进一步开展，幼儿园发现一些幼儿在家呈现出与在幼儿园截然不同的行为，家园合力未能得到真正的发挥。要真正促进幼儿自主性思维的发展，家长参与家园共育课程必不可少。幼儿园能通过家长的参与、对幼儿的观察以及与家长的深入沟通不断优化家园共育课程，提出有针对性的策略，并在家庭中予以实施。

（3）让文化浸润。

家风影响着孩子的心灵，塑造着孩子的人格，陶冶着孩子的性情，升华着孩子的思想，开发着孩子的智能。家风是一个家庭的文化，如同无言的教育、无声的力量、无形的磁场，在日复一日地塑造着幼儿。"好的孩子不是学校培养出来的，是家长培养出来的。"这句话不是否定学校教育的作用，而是肯定家庭教育的重要性。和谐社会的建设、社会正能量的传递，这些都需要正确的道德观、价值观去引导，只有良好淳朴、健康向上的家风，才能使幼儿找到属于自己的人生方向，为美好的人生打下坚实之基。在良好的家庭氛围中，孩子会养成良好的品德和学习习惯。只有树立良好的家风，才会促进孩子的成长。

家长参与到幼儿园课程中去，就是参与到幼儿园的学校文化建设中去，在幼儿园的文化浸润中，家长在无形中也会受到感染和熏陶，这有利于良好家风的形成，能够促进幼儿的健康成长。

（4）让能力表现。

幼儿的一日生活皆教育，幼儿生活自理能力、交往能力、学习习惯和能力的形成等，都会在课程中有所展现。一方面，家长参与幼儿园课程建设，可以在开放日或亲子活动中看到孩子能力的表现，对孩子的了解更全面一些。另一方面，如果家长参与幼儿园课程活动的策划、组织和评价，可以更加真实地了解到教师的"教"和幼儿的"学"的状态，从而更加全面、深入了解孩子，这有利于家园共育合力的形成，促进幼儿的成长。

（5）让生命出彩。

让每一个生命出彩是最美的教育生态。家长在教育中的角色随着孩子的成长而不断变换，教师和家长各自在教育中的优势是无法相互替代的。所以，在孩子的成长路上，家长参与幼儿园课程有利于幼儿园进一步普及家、校、社共育教育理念，交流科学的家庭教育方法，帮助家长成长，形成强大的家园共育合力，促进幼儿健康成长。

（二）对家长的意义

幼儿园课程是为幼儿提供经验的过程，是幼儿活动和学习的内容及过程。作为参与者和支持者的家长为什么能得到发展？又是如何实现发展的？南京师范大学虞永平教授认为：当家长接近和参与幼儿园的课程时，同时开始了带有明确目的的学习与实践旅程。在这个过程中，家长认真地履行责任、在参与中真正感受和了解幼儿教育并为幼儿做出努力、积极应对现实问题、虚心地参与学习，那么家长就能在参与幼儿园课程建设的实践中不断提升自己参与幼儿园课程的层次，同时进一步加深对幼儿园课程的了解和理解，更重要的是，能提高自身的教育能力，逐步形成科学的儿童教育观和教育行为，促进幼儿的发展。

1. 提升参与层次

虞永平教授认为，在我国，家长参与幼儿园课程有几个不同的层次。这些层次同时是幼儿园为家长长期提供参与课程建设的机会，以及幼儿园与家长之间更好地沟通的机会。家长能够在参与幼儿园课程这个过程中不断提升自身参与幼儿课程的层次，但是要实现这个目标，家长还有很长的路要走，不论是在意识上还是在行动上。也只有家长真正成为课程的参与者，家长才能从中受益、得到提升。

也就是说，幼儿园的课程不仅是促进幼儿和教师发展的，也是促进家长发展的。

（1）家长是幼儿信息的提供者。

父母是幼儿发展状况和行为特点的观察者和陈述者。幼儿大量的时间是与父母及祖辈一起度过的。因此，家庭成员——父母及祖辈是幼儿行为信息的直接来源。洞察家庭成员（尤其是父母），将提高和加深教师对幼儿的理解。父母比其他任何人更全面、深入地了解他们的孩子，他们能经常向教师提供孩子发生在家中的事件的信息，这些事件可能影响幼儿在幼儿园的行为。当然，父母也经常能提供有关幼儿的连父母也无法理解的现象和行为。而这些信息对于教师深入了解幼儿是十分必要的。

（2）家长是幼儿活动的督促者。

教师布置的幼儿作业或活动要求，需要在成人的督促下完成。这样，幼儿带到幼儿园的作品，既是幼儿的作业成果，也是家长的作业成果。家长由此以任务为中介甚至是目的参与到幼儿园课程中来。例如，在宅家活动过程中，由教师提供活动指南，家长与幼儿在家一同完成游戏，既锻炼了身体，又增进了亲子情感；在"和乐·苗坊"课程的实施过程中，很多项目都是由家长与幼儿一起完成的，如清明节踏青郊游、吃青团、做风筝等。

（3）家长是幼儿园课程材料的提供者。

幼儿园课程所需的材料通常是非常丰富的，因而常常需要借助家庭的各种材料，这时候家长应该配合幼儿园的课程实施，为幼儿园的课程开展积极提供材料。这些材料通常包括两种形式：一是普遍提供的相同材料，这些材料通常是为自己的孩子的学习服务的，如每个家长需要为孩子准备一个苹果；二是需要特定的家长为全班幼儿提供的特殊材料，如在气象站工作的家长为幼儿提供的关于气候的课程材料、一个具有集邮爱好的家长为幼儿园提供自己的集邮册等。当一个家长主动提供具有特殊性的材料并且这些材料被幼儿园实际利用时，这个家长正在对幼儿园课程以及幼儿产生积极、主动的影响。

（4）家长是幼儿园课程活动的参与者。

随着家园共育的发展，越来越多的家长主动地参与到幼儿园的活动中来，有两种参与形式：一种是家长要求或受幼儿园的邀请参与幼儿园的家长开放日、节庆活动、远足活动等，家长在这类活动中直接作为参与者参与到活动中；另一种是个别家长作为特邀人员参与到课程活动中去，家长作为组织者、重要信息和能力的提供者、展示者等。

（5）家长是幼儿经验的提供者。

随着家长课程意识的加强，家长逐步成为课程经验的提供者。同时，家长根据幼儿园课程的需要或幼儿成长的需要，在日常带幼儿外出游玩，开展各种相关的课程内容。例如，按照"我和春天有个约会"主题的课程学习计划，幼儿园除了开展外出寻春等活动外，还引导家长在平时生活中带孩子去关注春天的相关内容。

（6）家长是幼儿园课程的审议者。

家长参与课程审议，是课程民主的表现，幼儿园的课程审议吸纳部分家长参与，对于延伸教师的课程智慧、发现更丰富的课程资源具有重要的意义。家长参与课程审议，有助于提高家长的合作意识，有助于家长与教师在观念上的沟通，形成更多的教育共识，也有助于教师和家长发现自己对幼儿在认识上、教学策略上的问题和不足。

（7）家长是幼儿园课程的评价者。

对于幼儿园课程来说，家长不是旁观者，是当事人之一。但是，家长履行这个义务和权力是建立在家长承担幼儿信息的提供者、幼儿活动的督促者、幼儿园课程材料的提供者、幼儿园课程活动的参与者、幼儿经验的提供者等众多角色之上的。也就是说，只有当家长对幼儿园课程活动的参与程度越深入时，家长对课程作出的评价才越客观和公正。

2. 提高教育能力

美国学校家长参与过程模型的研究为我们构建良好的家园共育关系、提升家长有效参与幼儿园课程的能力和教育能力提供了重要的启示。胡佛·邓普西和桑德拉的家长参与过程模型有力地揭示了家长参与子女教育的动机，探寻了家长参与过程的"黑匣子"，阐释了家长参与过程研究中的三个核心研究问题。

一是支持家长积极建构角色，提升家长的自我效能感。从模型中家长个人动机的角度来说，家长角色建构和自我效能感直接影响家长的参与效度，学校应支持家长积极的角色建构，提升其帮助幼儿取得成就的自我效能感。支持的策略包括：提升家长的参与认知，向家长传达参与幼儿学习的重要性和可行性；向家长提供技能支持，如对子女进行鼓励、示范强化和指导的技能；共享学校课程信息，增进家长对子女学习目标和任务的理解；及时反馈家长参与效果，强化家长的参与动机；等等。

二是对教师和家长"赋权增能"，提升家长的家庭教育能力。幼儿园通过对教师和家长"赋权增能"能够营造良好的学校氛围以及提升家长参与幼儿园课程的程度，并促进幼儿园、教师、家长合作关系的建立。一方面，幼儿园通过对教师增能，为教师提供针对性的家长参与技能培训（如沟通交流技能、活动组织设计技能培训等），能够为家长和教师的合作营造良好氛围；另一方面，良好的家长和教师的合作关系、合作氛围以及通过为家长提供良好的家庭教育指导服务，可以增进家长对学校良好氛围的感知以及信任力，从而提升学校和教师邀请的有效性和家长的自主参与度。

三是考量幼儿家庭生活情境差异性和幼儿个体差异性，发挥家庭优势。如果幼儿园考虑到幼儿家庭生活情境的差异性以及幼儿个体差异性，提供灵活多样的参与活动（如组织分层次的家长参与活动），可以发挥家长的不同优势。例如，针对家长的时间和精力差异，提供弹性活动以帮助平衡工作；因家庭关系或因人而异地选择适宜不同家庭文化的活动；等等。这些都可以充分发挥家长的不同优势，促进家长、幼儿和家庭的发展。

（三）对课程的意义

儿童的发展是课程的出发点和归宿。幼儿园课程的发展离不开家长的支持与参与。广大家长的积极参与以及为课程建设献计献策有利于丰富幼儿园的课程资源，推动幼儿园课程形式改革的深化，促进幼儿成长。

1. 丰富课程资源

家长是非常重要的课程资源提供者和参与者。一方面，家长有着不同的文化背景，其职业特点和自身特长是丰富多元的，是不可多得的教育资源。中央教科所王敏教授曾说过：应把家长原有的知识、教育孩子的爱心和技能、对幼儿园教育的关心作为宝贵的资源，吸引他们参与课程改革，使家长成为课程改革的主体之一。另一方面，家长为协助幼儿园的课程提供的资源是家长参与幼儿园课程建设的重要形式。《幼儿园教育指导纲要（试行）》提出："幼儿园应与家庭、社区密切合作，综合利用各种教育资源，共同为幼儿的发展创造条件。"家长是幼儿的第一位老师，不仅是幼儿的教育者、引导者，还是幼儿的智力开发者。在幼儿园教育过程中，家长资源特别重要，协和幼儿园注重家长资源的开发与利用，充分利用家长资源，丰富教学内容，创建对话平台，健全沟通机制，保证幼儿园教育的有效性，促进幼儿的良好发展。

2. 促进课程的可持续发展

家长是课程的审议者和评价者。联合国教科文组织认为，教育改革成功的主要助推因素表现在三个方面：一是当地社区尤其是家长、校长和教师的积极参与；二是公共当局的积极支持；三是社会的推动。过去许多对课程改革的排斥现象都是由其中某一方不参与造成的。课程改革在一定程度上获得成功的国家都鼓励当地社区、教师和家长积极地参与。可见，家长的参与在学校课程发展中的重要作用。

二、一角多唱

幼儿园课程的组织和开展多由教师承担，而家长来自社会的各行各业，他们或有娴熟的生活技能，或有专业的职业技能，或是热衷于幼儿教育的学科教师。这样的家长参与到课程的实践中，能给教学带来新鲜的经验，因为他们在一些领域比教师有更专业的见解或更独特的教学方法。家长的参与配合能使幼儿园教学活动更加生动形象、吸引幼儿，帮助教师顺利达成目标。在家园共育中，家长逐渐成为课程实施的主体之一，承担着多种角色。

（一）共商——建设者

与中小学不同，幼儿园没有统一的课程大纲和教材，课程决策具有相对自主性，园长、教师、家长、周围社区人员及有关专家等都有参与课程决策的权利和可能。作为最熟悉孩子的家长，是孩子行为特点和发展中状况的陈述者，对孩子在日常生活中表现出的经验和发展需求有着较为全面的了解，而这些信息通常是教师没有足够的条件去观察和把握的。因此，为了避免课程内容陈旧、脱离幼儿生活实际、超载等，幼儿园需要吸纳家长参与到课程决策中来，让家长担当课程建设者的角色，为幼儿园课程"为什么教、教什么、如何教"等问题出谋划策，从而共同制订出更加科学、合理的课程方案。

（二）共舞——实施者

长期以来，幼儿园课程的实施都是以教师为主体引导开展的，实施的过程大多数时候都是在教师和幼儿之间展开的，而家长和幼儿的真实诉求则可能会被选择性忽略了。家长所具备的文化背景、职业特点和专业特长等是幼儿园课程的宝贵资源。幼儿园可以建立家长资源库，吸引家长参与课程实施，充分利用这一宝贵资源，方式有以下几种：其一，幼儿园通过家长视频见面会的形式，邀请家长共同关注幼儿的心理健康，为家长创造家园育儿交流的媒介，为幼儿园的课程提供更为有效的活动改进建议；教师有意识地引导家长感受幼儿园的教育方式，帮助家长反思其教育方式，或请家长为幼儿园提出建议，促进家园共育。其二，幼儿园邀请家长协助参与课程的实施（如邀请有专业优势特长的家长进行分享），帮助其他家长和教师从不同的角度了解孩子的学习与生活，提升养育孩子的信心。其三，幼儿园邀请家长共同参与教学教研，如通过日常或网络交流等方式广泛征集家长的育儿困惑，从中提炼家长最感兴趣并迫切希望幼儿园解决的共性问题作为教研重点，或者请家长参与教学研究讨论，实现幼儿园教育与家庭教育的共赢。

家长义工是家长作为建设者参与到幼儿园课程实践中的典型活动，一般有教学式和助教式。教学式的家长义工是家长做教师，担任教学活动的组织者。一般会选择一些有教学经历或经验的专业人才。例如，在一次美术活动中，参与教学的一位爸爸是多年从事美术教育的专业教师，他引导幼儿们在布上刷画，幼儿们感到非常新奇，同时，这位爸爸的风趣幽默大大增加了幼儿们参加美术活动的兴趣。助教式的家长义工是由教师组织活动，家长作为活动的配合者、辅助者。家长的参与配合能使教学活动更加生动形象、吸引幼儿，从而帮助教师顺利达成教学目标。例如，在"大肚妈妈"活动中，教师与家长在设计活动时想到请来一位怀宝宝的妈妈和幼儿们互动交流。幼儿向她提出了许多自己的疑惑，如宝宝从哪里来、宝宝在妈妈肚子里要待多久等，还有很多幼儿非常关心地提醒她要注意保护好自己和肚子里的宝宝。这样，一些家长的参与助教，让幼儿在直接的感官体验中大胆地提问并获得最及时和真实的回应，有效促进了教学活动的顺利开展。

（三）共赏——评价者

家长并非幼儿园课程建设的旁观者，而是参与主体之一，应该享有课程评价的权利。协和幼儿园在"和乐·苗坊"课程系统的各环节评价中邀请家长深层次参与，重在观察和支持幼儿的学习并为课程实施提供重要的现场资料和提出改进建议。同时，幼儿园会通过家长学校引导家长尝试运用一些具体的评价方式，如做幼儿的轶事记录、学习符合幼儿接受心理的评价表述方式等。如此，家长不仅学会了怎样对自己的孩子进行合理评价，而且能站在课程参与者的立场对整个课程的运作、教师的成长、幼儿的发展提出更有益的建议。家长对幼儿园课程活动的参与越深入，越有利于其对课程建设作出客观、公正的评价。

三、一招制胜

（一）解读家长需求

在居家隔离期间，通过媒体网络的报道和班群家长们的交流分享，我们得知家长们和孩子整天宅在家中，家长们对亲子教育有不少疑惑。为了能够了解家长们在居家隔离期间亲子教育的情况和需求，我们通过线上问卷调查的方式对协和幼儿园亲子教育的实际情况与需求进行了调查，了解家长陪伴孩子的主要方式，了解家长最关注的教养问题和在亲子陪伴中较大的困惑、困难，同时了解家长希望通过哪些途径获得亲子教育方面的指导。

本次调查我们总共发放电子调查问卷601份，由班主任发送到班群，共收回有效问卷502份，问卷统计方式采取数据与总调查人数百分比的方式。我们选取关键的题目数据进行了分析并得出了一些结论。

1. 家长认为习惯养成是最重要的教育内容

问卷调查数据显示，有超过半数的家长认为居家隔离期间最重要的教育内容是"习惯养成"，在整个样本容量中占比最大（图6-2-1）。由此可见，协和幼儿园的家长对幼儿生活习惯和学习习惯非常重视。在居家隔离期间，家长和孩子长时间宅在家中，打乱了原有的生活节奏，很多家庭的生活习惯发生了改变。家长复工后，担心孩子养成的好习惯会因为长时间的宅家和家长减少了陪伴时间而退步。同时，家长认为，由于长时间的宅家导致孩子缺少户外运动和人际交往，孩子没有养成良好的生活习惯与学习习惯会影响孩子身心发展的质量。

电子调查问卷第4题：在居家隔离期间，您认为对孩子来说最重要的教育内容是什么？［单选题］

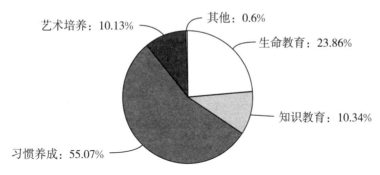

图6-2-1 "家长认为最重要的教育内容"数据统计情况

2. 孩子过度使用电子产品令家长很困扰

问卷调查数据显示，有超过半数的家长认为孩子"过多接触电子产品"是亲子陪伴期间的最大困扰，也有近半数有家长认为"孩子建立良好生活作息习惯存在困难"，而其他选项占比差不多（图6-2-2）。由此可见，由于长期宅在家中，幼儿的生活作息习惯和上学相比比较紊乱。首先，电子产品内容丰富，很容易吸引幼儿。但由于幼儿尚未建立时间观念，往往在使用电子产品时，会不自觉地长时间、过度地使用。其次，由于缺乏幼儿园的集体活动，家庭中缺少有质量的陪伴，电子产品成了幼儿最好的"玩伴"，这些都是导致幼儿过分依赖电子产品的原因。

电子调查问卷第5题：在亲子陪伴期间，您觉得最大的困扰是什么［多选题］

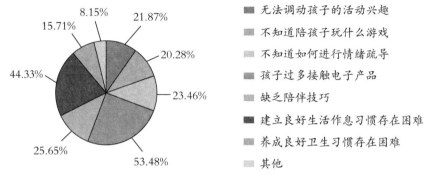

图6-2-2 "家长最大的困扰"数据统计情况

3. 家长希望得到教育指导与支持的渠道是多样的

问卷调查数据显示，大多数家长希望能够得到"科学专业的专家指导课程"，也有不少家长通过"家长育儿经验云分享"和"育儿文章推送"得到教育指导与支持（图6-2-3）。由此可见，家长希望获得教育指导与支持的渠道是多方面的。发达的网络信息使家长很容易接收到来自多方面的育儿信息，目前，这些育儿信息的有效指导性参差不齐，导致家长面对这些育儿信息存在较多疑惑，不知道应该相信哪些信息。随着家长育儿观念的更新，家长更愿意相信科学专业的专家指导。

电子调查问卷第6题：您希望通过以下哪些渠道得到教育指导与支持？［多选题］

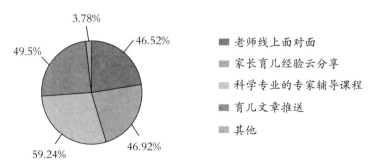

图6-2-3 "家长希望得到教育指导与支持的渠道"数据统计情况

4. 家长最想了解关于学习习惯和情绪管理方面的育儿知识

在亲子教育中，家长想了解的育儿知识是多层面的，但家长更倾向了解孩子学习习惯培养以及在亲子互动中的情绪管理知识（图6-2-4）。问卷调查数据显示，家长比较重视孩子习惯的养成，尤其是学习习惯。家长相信，好的学习习惯对孩子之后的学习道路会带来有利的影响。家长在面对孩子发脾气、大声哭闹没法哄、不吭声等情绪表现时束手无策。"家长既要面对繁忙的工作，也要照顾好家庭，有时候孩子调皮，家长会迁怒于孩子，事情过后又感到懊悔"，大部分家长都有这种情绪困扰。情绪管理一词，成为亲子教育中的流行词。

电子调查问卷第7题：您在亲子教育中，还想了解哪些方面的育儿知识？

［多选题］

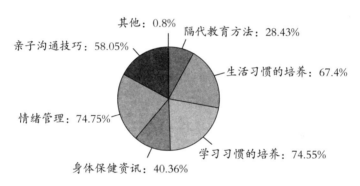

图6-2-4 "家长最想了解的育儿知识"数据统计情况

5. 家长之间沟通交流、分享的愿望

问卷调查数据显示，超九成的家长愿意与其他家长分享自己的亲子育儿经验（图6-2-5）。

电子调查问卷第8题：您是否愿意把自己的亲子教育经验与其他家长分享？

［单选题］

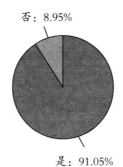

否：8.95%

是：91.05%

图6-2-5 "家长是否愿意与其他家长分享
亲子教育经验"数据统计情况

（二）搭建优质桥梁

1.线上学习平台

协和幼儿园根据问卷调查统计结果，针对家长需求搭建了多种线上家庭学习平台（如"和乐·苗坊"线上课程、"苗坊家庭分享屋"、家庭教育讲座、喜马拉雅讲座等），为家长讲授科学的育儿课程以及与家长分享有趣的育儿小故事和育儿经验，充分发挥家园共育的积极作用。

（1）"和乐·苗坊"课程基础统领。

协和幼儿园积极响应"停课不停学"的号召，启动了新一轮"和乐·苗坊"之"隔空言爱"系列线上指引活动，为"家园合作""家家共育"架起线上交流的桥梁，有效实现了居家隔离期间的家园合作。

（2）"苗坊家庭分享屋"应运而生。

问卷调查结果显示了家长在亲子陪伴中产生的困难、困惑和在亲子教育中关注的重要问题。由此，"和乐·苗坊"心理健康板块的"苗坊家庭分享屋"应运而生，"分享屋"邀请家长在线上互相交流有趣的育儿小故事，探讨科学的育儿方法，实现家园互动合作共育，帮助提高家长教育能力。

在家长们的大力支持下，"苗坊家庭分享屋"的第一场分享会于2020年3月18日晚8：30开始，分别围绕"幼小衔接的阅读能力培养"及"宅家体育锻炼"两个主题进行。

来自岭南园区大一班的一名幼儿家长是小学语文教师，她凭借自身多年的工作经验与育儿经验，以绘本《飞上天的小老鼠》为例，介绍了多种有趣、实用的阅读方法，引导家长关注幼儿阅读习惯的养成，助力幼小顺利衔接。此外，针对居家隔离期间幼儿居家学习的现状，分享人陈梓骏爸爸与大家分享了居家亲子锻炼的育儿心得与感受，并以幽默的口吻动员全体家长积极参与亲子锻炼，在提升身体素质的同时享受美妙的亲子时光。

会议期间，共有300名家长同时在线观看、参与互动。对于本次分享的两大热点主题，家长们深有体会，纷纷在留言区中写道：通过聆听专业的分享，深切感受到家长榜样作用的重要性；优质的亲子陪伴就是要参与到孩子的活动中去，一起玩、一起读、一起做……（图6-2-6）

图6-2-6 "苗坊家庭分享屋"之分享时刻

家长线上分享活动是协和幼儿园在居家隔离期间特殊情况下的新尝试，发挥了云端沟通的优势，让家长之间的经验沟通实现了零距离，家长能够借助云端平台学习和总结家庭教育经验，实现"家园合作、家家共育"，这是对新型家园合作途径的又一次探索。今后，协和幼儿园将继续致力于将"苗坊家庭分享屋"打造成具有协和特色的、"干货满满"的家园科学共育平台，为家长们架起互联互通、互学互长的桥梁。

（3）家长教育课程全面渗透。

全国妇联、教育部、中央文明办共同颁布的《关于进一步加强家长学校工作的指导意见》指出："家长学校是宣传普及家庭教育知识，提升家长素质的重要场所，是指导推进家庭教育的主阵地和主渠道。"虽然，家长学校除了依托学校举办之外，还可以依托社区以及其他机构，但学校举办的家长学校无疑是开展家长教育的主力军。经过努力，协和幼儿园的线上家长教育课程取得了一定的发展和成果，园内家长参与家长教育培训的活跃度很高，很多家长都积极参与到课程的建设中来。协和幼儿园家长课程的主要任务不仅是教会家长多少知识技能，更重要的是唤醒家长的学习动力，创新学习方式。

无论是学习还是工作，每个人都必须通过将注意力较长时间地保持在某一点上才能顺利完成。专注力是一种学习品质，良好的专注力是大脑进行感知、记忆、思维等认知活动的基本条件。例如，针对幼儿专注力提升这个问题，协和幼儿园邀请家长参加关于"家庭中如何培养孩子专注力"的讲座，引导家长把家庭教育的理论和实践相结合。同时，协和幼儿园的线上"和乐"家长课程在喜马拉雅App上线，课程涵盖各种育儿主题和问题的解答，为家长提供了多方位的指引。此外，在居家隔离期间，协和幼儿园积极组织家长开展育儿分享会，分别是"如何带娃宅家做体育锻炼"及"幼小衔接中引导孩子阅读的好方法"，让家长成为家园共育课程项目中的主角。

非常时期，非常牵挂。线上课程通过"云分享会"架起家长之间的沟通桥梁，协和幼儿园充当"彩虹桥"的角色，为家长提供了各式各样的教育指导渠道。

（4）亲子活动。

在居家隔离期间，为了让幼儿和家长朋友在游戏中找到快乐、在体验中感受亲情、在默契中感受温暖，增进亲子关系，协和幼儿园推出了线上宅家活动内容与指引，如操控亲子体操、亲子游戏、亲子故事等。亲子体操通过基本的动作练习，锻炼幼儿肢体动作的协调性，增强幼儿体质，增进亲子关系；亲子游戏通过游戏的形式，启发幼儿思考，锻炼幼儿的思维能力和动手操作等能力，加强幼儿与亲人之间的情感联系，建立更亲密的亲子关系；在亲子故事的过程中，幼儿喜欢坐在父母身上，闻父母身上的味道，听父母读书的声音，他们会觉得自己是被爱包围的，这样的活动也能增进亲子关系。

（5）创新家家平台。

协和幼儿园通过信息技术搭建沟通家园、家家云课堂，探索新型家园合作途径，致力于打造具有协和特色的家园科学共育平台，为家长架起互联互通、互学互长的桥梁。

2. 线下学习路径

（1）家长学校。

协和幼儿园作为荔湾区家长学校课程构建园所，一直致力于为家长提供高质量的家庭教育指导，旨在帮助家长们更好地陪伴孩子成长，提高家园共育的成效。自复学之后，协和幼儿园有针对性地开展了多场线下家庭教育讲座，讲座围绕多个主题，传播科学的教育理念，与家长携手共同培养独立自信的阳光小"和"苗。协和幼儿园将继续构建优秀的家长学校课程，与家长共同成长。

如何解读孩子的情绪，做智慧型的父母？如何有效处理孩子的情绪，构建和谐的亲子关系？要做成功的父母只有爱是不够的，还需要充分了解孩子的想法、感受和内心需要，帮助他们处理负面的情绪。为了引导家长认识孩子的情绪，学会正确对待孩子的情绪及有效处理孩子的情绪，协和幼儿园邀请小班家长共同聆听由润心家庭教育咨询中心的孙文玲讲师带来的《如何有效处理孩子的情绪》专题讲座。孙文玲讲师通过教育案例、家庭教育方式，让家长们了解了情绪管理的重要性、幼儿情绪处理的步骤和有效策略，并与家长们分享了情绪管理的小妙招。

自信是强大的精神力量，是抵御困难的坚实盾牌。《史典》记载："自信者不疑人，人亦信之。自疑者不信人，人亦疑之。"独立自信是中华民族发展的坚定力量，自信要从娃娃抓起。那么，如何培养孩子的自信心？协和幼儿园特邀润心家庭教育咨询中心的孙文玲讲师来园开展关于正面管教的家长讲座。

本次讲座的主题是"如何培养独立自信的孩子"。孙文玲讲师深入浅出地阐明了正面鼓励对孩子内心力量的激励作用，指出了哪些是效果打折的鼓励话语，并且提出描述式鼓励、感谢式鼓励、赋能式鼓励、启发式鼓励这四种适合孩子的鼓励方式。本次讲座内容易懂实用，视角独特，给了在场的家长深刻的教育启发。

为了引导家长了解孩子拖拉磨蹭的行为原因，学会正确对待孩子拖拉磨蹭的小毛病及掌握有效的处理方法，协和幼儿园开展了大班级的家长学校专题讲座，本次主讲的嘉宾是润心家庭教育咨询中心的孙文玲讲师。讲座开始前，孙文玲讲师先做了一个关于孩子磨蹭情况的小调查，随后引入了一个常见易带入的案例引出了家长们的感同身受。孙文玲讲师引用了马克·吐温的名言"习惯就是习惯，谁也不能将其扔出窗外，只能一步一步地引下楼"来告诉家长们，改变孩子磨蹭的习惯不是一蹴而就的，而是需要家长们的全力支持，带着孩子一起进步，一步一步地戒掉磨蹭习惯。孙文玲讲师强调给孩子制定惯例表时要以孩子为主，图文并茂，避免跳入内容多、文字多、时间长的误区，建议从孩子角度出发，任务少一些、图片多一些、时间短一些。此次家庭教育讲座从科学的角度讲解了孩子磨蹭行为的原因，传播了实用有效的教育方法。

（2）家委巡视。

为了进一步增强家园沟通，让家长进一步了解幼儿园后勤、教学、保健等各方面的工作，加强家长对幼儿园工作的了解、监督和检查，达成家园教育的共识，共同促进幼儿的发展，协和幼儿园定期开展家委会巡视日活动。通过家委巡视日的活动，家长对幼儿园的各项工作会有了更深刻的了解，包括熟知幼儿在园的一日生活情况，监督、检查了幼儿园的保教工作，等等。家长看到幼儿在和乐的环境中快乐地学习、生活、游戏，他们会感到放心和满意。

（三）发挥家长的主观能动性

家园共育需要家长和幼儿园双方形成共同的教育价值观，从而真正实现同心、同向、同力。幼儿园是幼儿接受教育的主要场所，却不是唯一场所。幼儿园和家庭、社会紧密联系，我们要构建家、园、社一体的教育环境，共同促进幼儿的发展和成长。家园共育模式的创建就是整合家校资源，共同助力幼儿的全面发展。在家园合作中，幼儿园与家长的目标是一致的，家长的态度是幼儿成长的关键所在。因此，协和幼儿园积极创设条件，引导家长充分发挥自己的主观能动性。

1. 让家长明确自己的能力

在积极了解家长对育儿的需求的同时，协和幼儿园积极通过家长学校活动定期向家长输出正确的教育理念，引导家长进行反思、明确自己的能力、审视自己的优势和不足，并有针对性地加深家长对自身在幼儿教育活动中所应承担的责任的理解和认识。对于每个家庭而言，传染病毒带来的紧张担忧、长期居家的不自由感以及延期开学的新情况等，可能会让家长倍感压力，同时，由于家庭情况的不同，家长需要做好工作及孩子养育两个方面的协调，配合幼儿园做好自己及孩子的身心调适，与幼儿园共同做好病毒防护工作，呵护幼儿的健康成长。

2. 形成家长参与的弹性机制

幼儿园成立了专门的家长教育教研组，系统管理和组织家长教育活动，形成家长参与的弹性机制，同时不断反思、总结，以确保每一次活动的质量。

在方式上，一是居家隔离期间，幼儿园充分利用微信、QQ、各种在线交流软件（如微信视频、腾讯视频等）等多种信息媒介为家长在家育儿提供指引，让教师及时全面地了解幼儿在家的动向；二是复学之后，幼儿园借助本园的微信公众号实时发布本园日常活动花絮以及孩子的在园日常，在这个过程中，潜移默化地引导家长关注园所教育并逐步自主地参与进来。除了幼儿园日常工作的分享与宣传外，幼儿园积极对家长参与幼儿园的意义和价值进行宣传，从顶层设计的角度引导家长参与。三是成立家长学校，定期组织家长进行专题学习，使家长在参与学习的过程中，不仅能够在专家的引领下学习专业的育儿理念和育儿方法，还能够在每一次的家长课堂中通过教师精心准备的视频、照片等了解幼儿的在园情况。

在时间上，幼儿园在学期初会对本学期的家长工作有专门性的设计和安排，并将学期之初的课程形式和安排告知家长，在每次活动前设计活动预告，调动家长积极参与的兴趣，引导家长灵活参与。

在空间上，协和幼儿园已经形成了线上线下结合的家长参与机制。

3. 保证家长与教师的双向沟通

项目开启之后，幼儿、家长和教师在隔空环境下交流需要依靠信息技术的支撑。除了熟悉的微信外，幼儿园还利用多种信息媒介保障教师和家长之间的双向沟通。例如，各班以各种交流软件（微信视频、腾讯视频等）为媒介，由班级教师安排视频见面会、视频会议等，促进家园共育的水平进一步提高。

4. 分层次、分步骤地引导家长参与

家长要充分履行幼儿信息的提供者、幼儿活动的督促者、幼儿园课程材料的提供者、幼儿园活动的参与者、幼儿经验的提供者、幼儿园课程的审议者、幼儿园课程的评价者等角色的职能还有很长的路要走，无论是从意识上还是行动上，都需要幼儿园的指引。协和幼儿园主要通过分层次、分步骤的方式引导家长参与。只有当家长真正成为课程的参与者时，家园共育的最大效力才能真正发挥。

参考文献：

钟启泉.深度学习：课堂转型的标识［J］.全球教育展望，2021，50（1）：14–33.

第七章

成长中的四叶草

成长是一幅迷人的画，勾勒出多少动人有趣的故事；成长是一首婉转悠扬的短笛，奏出了多少遥远美妙的幻想；成长是一束绚丽的茉莉，散发出醉人的芳香。四叶草是国际公认的幸福与希望的象征，也是协和幼儿园"和乐·苗坊"家园共育课程的Logo。在"和乐·苗坊"中，家园共育课程不断发展，协和的幼儿如同这小小的四叶草，带着梦想和希望，努力成长、不断发展。家长和教师也在不断成长。

第一节　上新了！和乐·苗坊

多元浇灌育德苗，花开满园传馨香。经过百年的薪火相传，协和幼儿园始终与时代同命运，与民族共荣辱。在区域生态德育一体化的整体顶层设计下，协和幼儿园确立了"礼、智、创、乐、数、技"新六艺培养目标，构建了"和乐共长"的德育生态体系，在幼儿心中种下了真善美种子，在阳光、雨露下静待其成长，与社会同进步。协和幼儿园探索出了"131"德育主题实施模式的"和乐·苗坊"、教师德育实施能力提升培训的"和乐·创坊"、家园德育一致性培养的"和乐·种坊"，从课程建构到实施进行了全方位变革。"和乐·苗坊"四大主题活动的开启只是开始，幼儿园将不断探索家园共育的构建，关注幼儿个性化成长需要、幼儿园特色发展、和乐品牌与家园共育的整合，通过家园共育促进幼儿的全面发展，提升幼儿生命质量的完整性和多彩性。

一、何以致远

世界上既没有一种放之四海而皆准的教育理念，也没有一成不变就可以即刻落实的教育模式。协和幼儿园基于"一校一品一特色"的新样态思想，在特殊时期，推进了"幼儿园、教师、家长三位一体"的家园合作模式建设，构建了"和乐·苗坊"以形成教育合力，朝着"和乐"方向前行。协和幼儿园一个个独具传统文化特色的教育故事正在谱写，三字经武术操、体育课例无不在注入传统文化思想动能，为协和幼儿园迈向有人性、有温度、有故事、有美感的新样态提供了强大的能量。未来，针对如何建设百年协和"新样态幼儿园"以及"和乐·苗坊"如何发展，协和幼儿园有如下一些做法。

（一）大众传播媒介推广

精益求精、创造创新是协和幼儿园不懈追求的目标。如今，国家大力倡导幼儿教育事业的发展，无论在哪个城市，大大小小的幼儿园比比皆是，可是有的幼儿园的品牌塑造意识仍然比较淡薄。国家投入了大量人力、物力和财力扶持幼儿园的发展，却造成了国有资源流失的现象。在现代市场竞争中，塑造品牌形象、树立品牌意识已经成为品牌发展的必经之路。幼儿教育作为学校教育制度的基础阶段，已经引起了国家、社会和家长的日益重视。幼儿园塑造品牌形象，不但能够使幼儿园在同行竞争中占据有利地位，更重要的是，能够助力推动我国幼儿教育事业发展。只有充分认识到幼儿园品牌设计与推广的重要价值，自觉树立塑造品牌、推广品牌的意识，幼儿园才能获得最佳发展。

新样态幼儿园把"人"放在核心位置。这里的"人"包括所有与幼儿园相关的人员。幼儿园的核心任务是"育人"，必须把促进幼儿健康成长作为一切工作的出发点和归宿点，这既是教育的使命职责，也是幼儿园的本位使然。由此，协和幼儿园以服务幼儿、教师、家长，辐射同行，塑造品牌为目标，充分利用本园所具备的集团资源优势、管理体系弹性优势、教学设施设备完善优势以及较好的品牌知名度，将幼儿园的"和乐·苗坊"建设成为具有广泛影响力的家园共育课程品牌，并进一步强化品牌感染力，在实践中应用，在探索中不断改进，促进幼儿、教师、家长的共同成长。

1. 文本成果（书籍、报纸、期刊）

协和幼儿园坚持围绕"强基百年园，铸魂新样态"的精神。在协和前辈的努力奋斗下，拥有百年历史的协和幼儿园必须承担起时代责任，勇立潮头再起航，深化幼儿园品牌的建设，进而从"寻根协和，不忘初心""确立宗旨，找准方向""提炼目标，精准定位""重构课程，有效落实""未来设想，推动建设"五个方面开展"和乐"品牌建设。由此，协和幼儿园通过报纸、杂志、期刊等多个媒体传播方式进行宣传推广。2018年，幼儿园出版了专著《和乐共长》，获得了家长与同行的高度认可。作为首批中国新样态学校，学校代表受邀在中国新样态联盟（宁波北仑区）2018年会议中进行"和乐共长"的德育课程展示。

2. 互联网（社会报道、新闻、线上辐射帮扶幼儿园）

（1）赢得社会报道、新闻。协和幼儿园进一步加强组织领导，落实分工及责任，形成党支部统一领导、各部门齐抓共管、全体师幼及家长共同参与的工作格局，同时，有针对性地进行学校品牌宣传，赢得媒体的报道。

（2）线上线下辐射帮扶幼儿园。协和幼儿园作为省一级幼儿园，一直保持着积极向上发展的态势，提质量、创精品，一步一个脚印，积极发挥示范辐射作用。为深入贯彻落实党的十九大和习近平总书记关于脱贫攻坚的系列讲话精神，同时，为辐射本园的"和乐·苗坊"课程成果，影响、帮扶同行，协和幼儿园围绕"一校一品一特色"主题，结合"和乐·苗坊"家园共育课程理念、内容、实施模式和课程发展设想，在线上线下开展了专题讲座、座谈会等多种形式的帮扶活动。特殊时期下的家园共育课程案例和未来发展设想给在场的教师带来了新思考与启发。例如，为贯彻广东省教育厅《广东省教育厅关于做好2020年"强师工程"中小学幼儿园（含特殊教育）骨干教师、校（园）长省级培训研修工作的通知》精神，2020年10月16日，协和幼儿园热忱地接待了广东省普惠性民办幼儿园园长专题培训班学前教育同行前来观摩交流，园长为通函做了题为《新样态背景下幼儿园传统文化课程的建构》的专题报告，向园长班的学员们详细介绍了中华优秀传统文化在协和幼儿园"和乐"课程中的传承与创新；园长班还观看了本园原创三字经武术操和优秀体育课例展示等。常态化、多角度的展示和交流让园长班学员感受到本园先进的办园理念与富有特色的"和乐"园本课程文化，并为学前教育同行提供了相互学习交流的平台，也对本园工作进行了一次检验和提升。同时，协和幼儿园把每一次的对外接待、帮扶和宣传当作促进幼儿园发展的新契机，在交流过程中推动幼儿园内涵不断发展，在实践中不断探索，进而在推动区域学前教育事业的蓬勃发展中发挥重要作用，在促进学前教育可持续发展、助力荔湾实现教育现代化的过程中树立形象。2020年是脱贫攻坚的决胜之年，为贯彻落实决胜脱贫攻坚战的工作部署，响应教育部提出的"立德树人奋进担当，教育脱贫托举希望"的教师节主题，充分发挥协和幼儿园省级示范园的引领辐射作用，提高贵州省毕节市帮扶园的教育教学质量，帮助其实现教育脱贫，协和幼儿园于2020年8月28日利用直播平台开展了协和幼儿园"和乐"课程131实施模式实践探索专题讲座，共有200多位贵州省毕节市幼儿园教师通过线上平台同步观看。再如，为继续深入推进打造贵州省金沙县及毕节市结对帮扶幼儿园"一校一品一特色"的工作，2020年11月7~10日，协和幼儿园姚园长带领协和幼儿园帮扶小组一行8人，奔赴贵州省金沙县及毕节市开展教育帮扶工作，为金沙县"国培计划（2020）"培训班的各位园长、骨干教师带去两场关于传统文化课程建设和儿童美术教育的精彩专题讲座，同时，协和幼儿园专业体育教师伍老师与毕节市幼儿园的足球教师达成一一结对帮扶，同步共享资源，共同促进足球特色活动的开展，等等。

协和幼儿园的"和乐·苗坊"家庭教育课程自2020年3月3日启动以来，吸引了园内共600多个家庭参与，形成了上百篇原创公众号推文，浏览量均达1000人次左右。同时，按照深入推进教育帮扶工作精神，实现教育脱贫，协和幼儿园将家庭教育资源分享到多所省内外结对帮扶园，通过线上的形式将优质资源分享扩散出去，充分发挥了省级示范园的引领辐射作用。在这个过程中，南方+、广州教育等多家媒体平台相继报道了协和幼儿园"和乐苗坊"的精彩活动。

（二）探索路径新推广

1. 自媒体（微信公众号、美篇、喜马拉雅）

"酒香也怕巷子深。"品牌要想保持旺盛的生命力，企业经营者不仅必须树立品牌意识、进行品牌规划、找准品牌定位、提升品牌文化内涵，还需要通过有效的品牌营销手段，使社会公众认知、接受品牌，提高品牌的知名度。同理，要想成为一家具有竞争力与发展潜力的幼儿园，必须具备完整的经营体系作为发展支撑以及拥有明确的组织体系与内部等级，从而促进各项工作顺畅、有序开展。例如，制定总体的推广任务，进而将任务进行详细分工，分派到具体部门，落实到具体责任人身上，以提升任务执行力度。同时，要加强各个部门之间的有效沟通，构建完整的沟通网，促进各个部门协调配合、共同推进宣传工作。因此，协和幼儿园需要积极通过各个自媒体（公众号、美篇、喜马拉雅FM等）进行推广，增加幼儿园的"曝光率"，并使之成为一种工作常态。

在"和乐·苗坊"家庭共育课程的推进中，协和幼儿园秉承"立德树人"的理念，深挖课程内容与居家生活的育人价值，拓宽多种渠道，深入挖掘更为丰富的家长培训资源，撰写并录制家庭教育系列完整讲座，利用喜马拉雅FM等平台发布家庭教育音频，线上推出"和乐·苗坊"家庭教育大讲堂，梳理家庭教育经验，编写《和乐·苗坊——家园共育课程探究》家庭教育书籍，等等，促进家长树立正确育儿观念和掌握正确的育儿方法。例如，针对居家隔离期间家庭教育中出现的问题和矛盾，协和幼儿园开设"和乐·苗坊"家庭教育云讲堂，由姚万琼园长主讲第一讲《看见自己和孩子·观照家庭教育新样态》，线上与家长共同探讨在家庭教育中遇到的困惑，引导家长与幼儿、家庭回归和谐的关系，塑造家庭教育新样态，吸引了社会的广泛关注。

2. 文创+

"文创+"即文化+创造力、文化创造力，体现的是崇高的使命感、敏锐的洞察力和独立的思考力。"文化"一词，广义来说，泛指在社会中共同生活的人们，拥有相近的生活习惯、风俗民情以及信仰等。文化是衡量一个民族先进程度的重要标志，一个民族的复兴必然伴随着文化的兴盛。"文创+"开始为很多知名品牌所重视，它们研发了各种各样的文创产品，目的是将自己的品牌文化宣传出去，让更多的人知晓和认同自己的品牌文化，以便走得更稳定、更长远。一个学校的文化也是如此。优秀的文化是一所幼儿园持续发展的关键因素，优秀园所文化的形成是其办园理念成熟的重要标志，是幼儿园的内在品格。它引领着幼儿园的各项建设，促进幼儿园的可持续发展。"文创+"是现代幼儿园走内涵发展道路的必然选择。幼儿园的内在品格如何让幼儿、家长、社会所认知，并发挥其辐射传播作用？"文创+"则是一条很好的途径。文创产品能起到潜移默化的作用，让公众能更强烈、更直观地感受到幼儿园的园所文化和品牌特色。因此，协和幼儿园决定结合自身园所文化进行充分挖掘、提炼精髓和核心价值，打造充满自身属性、特色、个性、价值的园所文创产品。

二、文创来了

随着时代的进步，幼儿教育愈发凸显其重要地位。家长对幼儿教育质量的要求和对幼儿园环境的需求不断升级，幼儿园品牌化发展势在必行。文创产品是幼儿园在优质化、特色化的发展过程中的产物。文创产品融合了幼儿园的办学理念、园风、教风、学风等各项文化，带动了幼儿园的文化传播。同时，文创活动有利于幼儿园播种教育理念，对一些尚处在误区和迷茫中的家长有积极的启蒙和引导作用，能够促进他们的育儿认知水平的提高。优秀的文创产品展现的是良好的园所文化，体现了园所教师团队的融洽与发展；同时，强大的文化氛围有利于激发教师的责任感、使命担当以及奉献精神。

2020年11月，荔湾区第三届区域醒目教育课程幼儿园文创作品展在协和幼儿园拉开了序幕。在公办园带领帮扶园两两结对精心布置的摊位上，教师自主设计的玩教具类和纪念品类文创产品丰富多彩、琳琅满目。一件件集教育性、艺术性和实用性于一体的文创产品，充分展现了荔湾区幼儿园新样态建设和区域醒目课程的丰硕成果，给与会嘉宾带来了独特的视觉与触觉感受。

第二节 "四叶草"之变

从2008年开始，协和幼儿园重视家庭教育，树立家园社区"三位一体"的大教育观，以创建"五优乐园"，促进师幼、家长共同成长为目标，从管理、环境、设备、教学、质量五个方面对幼儿园家长学校的建设进行了创新思考与实践，由关远群副园长具体负责的家校建设成绩凸显，协和幼儿园于2009年被评为首批"广州市家长学校示范点"，并于2009年被评为广州市优秀家长学校，优秀的家校建设成果使协和幼儿园于2010年的广东省一类一级幼儿园的第三轮复评赢得了高分。2014年1月，全国首家家庭教育学院——荔湾区家庭教育学院正式成立，协和幼儿园先后被确定为荔湾区家庭教育学院实验基地、广州市学校家庭教育实践基地。2016年，协和幼儿园作为唯一的基地园参与了荔湾区科信局召开的《协同理念下的家庭教育研究》课题研究。随着研究的推进发现，幼儿园亟须在搭建家长学校教育平台的基础上，构建一个课程作为面向家长的载体，有计划、有目标、有针对性地向家长传递和实施与幼儿课程相匹配的家教内容，从而引导家长树立与幼儿园相一致的教育观。由此，协和幼儿园团队开始着手研发"和乐共长"家庭学校课程，初步研发出"和乐·苗坊"线上课程。

一、"和乐·苗坊"课程的标识文化

"和乐·苗坊"的Logo为一株四叶草（图7-2-1）。四叶草象征生命力旺盛、茁壮成长的幼儿，叶子上的四种颜色代表幼儿需要汲取的教育知识，红色代表炽烈真诚的家国情怀教育，蓝色代表温馨和谐的心理健康教育，黄色代表积极向上的生活习惯教育，绿色代表生机盎然的生命教育。圆形边框上有一束光线照耀四叶草，象征着充足的阳光照耀；四叶草上有雨珠，象征着雨露的滋润；墨绿底色寓意着默默耕耘的绿色的希望，低调而又生机勃发。"和乐·苗坊"Logo整体寓意为每一个幼儿都是一个独特的个体，他们就像一株株四叶草，阳光、空气、雨露的滋养如同幼儿园、家庭、社会的共同滋养，让幼儿慢慢成长为一株能爱护自己、呵护家人、保护国家、守护自然的幸运"四叶草"。

图7-2-1 "和乐·苗坊"Logo

二、对比前后两个课程的异同点

"和乐·苗坊"是基于本园已有的"和乐共长"家庭教育课程和协和幼儿园"和而不同，乐学乐创"的发展愿景最终形成的家庭教育课程，在居家隔离期间，协和幼儿园紧抓"停课不停学"催生的幼儿居家学习的教育与发展需要，迅速成立家庭教育课程研发组，以顶层设计为引领，探索构建完整的家园教育课程体系。课程研发组通过前期对幼儿、家长、教师的调研，从幼儿好奇心、家庭感召力、社会影响力等多方位思考，在继承和发展"和乐共长"课程的基础上研发出"和乐·苗坊"课程。

（一）变

1. 时空背景

"和乐·苗坊"家庭教育线上课程的建设是在居家隔离特殊情况下的一种新尝试，协和幼儿园整合各方资源，发挥云端沟通的优势，使家庭、幼儿、教师三个主体在网络中无缝衔接，形成成长共同体。

2. 对教师素质要求提高

在居家隔离期间，教师对课程实施的能力从现实生活延伸到虚拟空间，教师集编辑、文案、美工于一身，导演、编剧、场记、主演身份随时切换，不断主动学习信息化技术为线上家庭教育提供指导服务。

3. 具体内容和策略调整

两个课程内容安排上侧重点不同。"和乐共长"家庭教育课程依托"和乐"园本课程制定出了较为完整的家长学校课程体系（图7-2-2），由以下四个部分内容组成：第一部分是专题讲座，每学期一至二讲，具体内容包括"人和""家和""社和""境和"；第二部分是教育策略，每学期一次以上，以家长沙龙的形式开展；第三部分是亲子实践活动，每月一次，具体内容包括"赞美之乐"（语言之美、家乡美）、"由爱而乐"（爱家乡、爱协和、爱亲人、爱自然、爱劳动）、"享玩之乐"（六一欢乐节）、"由健而乐"（元旦体艺节）；第四部分是网络宣教、亲子活动和专题讲座，每周一至两次，具体包括感恩、环保、安全、推普等内容。"和乐·苗坊"家庭教育课程是结合实际需求和"和乐"理念制定出来的，包含生命教育、劳动教育、健康教育、爱国教育四大板块内容。其中，生命教育板块以"多彩生命树"为主题，劳动教育板块以"宅趣棒棒屋"为主题，健康教育板块以"童言彩虹桥"为主题，爱国教育板块以"童真家国号"为主题。

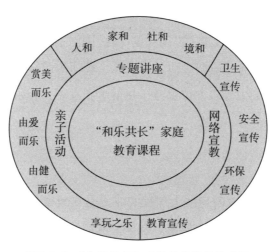

图7-2-2 "和乐共长"家庭教育课程构成图

（二）不变

1. 共同愿景

无论是"和乐共长"还是"和乐·苗坊"，协和幼儿园都是以促进幼儿、教师、家长共同成长为目标。幼儿园、家庭、教师在这个特殊时期的教育挑战中形成合力、调整心态，每一个人都是幼儿健康成长的重要参与者，每一个角色都有各自的责任，幼儿园、家庭、教师共同为幼儿的健康成长出谋划策，让这场教育的盛宴能够顺利通过时间和实践的检验，最终受益的将会是千千万万个家庭，是无数个稚嫩可爱的孩子。

2. 维持原有的根基

在"和乐共长"课程中已建立起的家长学校，不仅通过家长会、专题讲座、网络宣教、亲子活动等方式，有计划、有目的、有针对性地增进家园沟通，提高家教水平，达成家园教育的共识，还建立了家长学校章程，其内容包括《家长学校工作制度》《家长学校教学制度》《家长学校学员学习和考勤制度》等，为"和乐·苗坊"线上互动奠定了基础，促进了家校间流畅的沟通。

3. 和而不同，打造"和乐·苗坊"共育品牌

在新样态学校理论推动下，新样态学校应恪守"学校要有学校样，一所学校一个样，校校都有自己样"的核心理念。协和幼儿园将继续挖掘"和乐"文化基因，打造"和乐"品牌特色，形成独特的园所特色，走出一条全新的园所内生式发展之路。在下一个阶段，"和乐·苗坊"课程的内容将做到三结合，即与区域醒目课程相结合、与幼儿复学后相结合、与家长育儿需要相结合。协和幼儿园拟将"和乐·苗坊"课程编制成教材，以丰富家长学校的课程资源，辐射带动更多的幼儿、家长、教师，形成幼儿园家庭教育的新样态，让每一个生命都绽放光彩。

4. 和实生物，构建家校社学习共同体

随着社会转型、经济变革和终身教育时代的到来，终身学习成为教育的应有之义。具有社会化意蕴的共同学习越来越受关注，构建学习共同体也越来越被重视。学前教育是终身学习的开端，因此，要在"和乐共长"家校合作的基础上，将社会力量纳入合作学习体系，建立家校社学习共同体，使学校、家

庭、社区共同促进、共同发展，通过"学习"这个关键点，使学校和家庭成为同呼吸、共命运的共同体。家校社学习共同体是以幼儿发展为逻辑起点，以学校、家庭、社会共同发展为终极目标，以共同愿景、平等尊重、自主合作、共学共享为表现形态的学习型组织。

作为一种教育实践共同体，家校社合作是家长、教师和社区组织代表等利益相关者的学习场。作为儿童学习场，家校社合作为儿童提供了更加广阔的学习机会，包括在校学习、在家学习、社区学习和远游学习。作为成人学习场，家校社合作不仅包含成人之间的相互学习，还有成人向儿童的学习。家校合作方式将多元渠道交流常态化，家校合作层次由"浅层合作"转向"深度融合"、从合作的阻力转变为动力，家长从"学校教育的附庸"转变为平等合作者，从合作的"幕后"走向"台前"、从"旁观者"转变为"合作者"。学校吸纳家长参与学校教育，逐步拓展学校的视野，不断挖掘家庭教育资源共建教育生态环境，在制度层面加强了家校合作的规范化和系统化。厘清合作双方的权利与边界，让家校合作的内容与形式从同质化走向个性化，促使家校合作不断走向深度融合。

进入新媒体时代，现实世界与虚拟世界被互联网技术连接起来，为学校教育、家庭教育、社会教育三方的融合发展创造了无限的可能。但是，这些技术的运用仍存在不足，居家隔离期间的一些问题体现出了家校社在线教育体系不完善，亟须借助互联网技术建立一套完整的、系统的家校社在线教育公共服务体系，提高合作体系抗风险能力，从而实现体系现代化、资源数字化、传输网络化、功能一体化。

三、"和乐·苗坊"未来发展的蓝图

没有哪个变革是无端发生的，也没有哪个变革是脱离已有成果的。协和幼儿园的变革源自百年协和之积淀，旨在"和乐"品牌之壮兴。协和人始终守护着"和乐"初心，坚持传承"和乐情怀"，在日新月异的时代中，取精华、去糟粕、创新意，以高度的"和"共识促成卓越"和乐"品牌。在居家隔离期间，"和乐·苗坊"课程在这样的环境下诞生了。协和人以"和乐教育"为根，扎根于百年"协和"之"和乐"文化土壤，努力打造具有广泛影响力的家园共育课程品牌，以"守护、传承、变革、创新、发展"十字愿景为信念，继续踏上建设和乐文化的新征程。

（一）打造传统与现代相结合的特色课程环境

环境是最好的审美教育载体，我们在协和幼儿园西村园区和岭南园区的已有环境基础上，打造具有明显园区特色的、体现传统与现代相结合的环境，让不同园区的幼儿在不同的氛围中运用各种感官去体验、观察、操作、思索、发现、创造，不断汲取养分，发展思维、锻炼能力。

1.传承精华、走向国际

习近平总书记强调：要治理好今天的中国，需要对我国历史和传统文化有深入了解，也需要对我国古代治国理政的探索和智慧进行积极总结。这一重要论述为新时代推进国家教育高质量发展指明了前进方向。因此，在推进高质量教育的发展和课程构建的过程中，我们必须充分把握和汲取中华优秀传统文化资源的精髓。

（1）传承精华。

华夏民族灿烂悠久的传统文化是我们宝贵的精神财富，具有陶冶情操、传递美好、激励进取的教育功能。协和幼儿园西村园区将把中华传统文化元素和幼儿园环境创设完美结合，营造出充满传统文化韵味的环境，使幼儿每天徜徉在传统文化的氛围里，通过耳濡目染的方式汲取民族文化的精髓，领略中国传统文化的魅力。

为打造独树一帜的幼儿园传统文化之美，协和幼儿园西村园区将在中国建筑、传统手工艺、二十四节气、古诗词、传统节日等六个方面优化环境创设，基于课程目标及内容，优化园所环境和一班一环境，使环境与课程相吻合，在体现中国传统文化的同时，真正实现隐性课程的教育价值。

以古诗词为例，把朗朗上口的古诗词粘贴在小小的阶梯上，带领孩子们拾级而上，在快乐中增长知识，激发出生命的潜能和灵性，让诗词陪伴着孩子，为他们塑造心智、丰富感情、健全人格、滋养气质，进而增强幼儿对中华优秀传统文化的认同感，对民族文化产生亲切感、形成归属感。

（2）走向国际。

2013年，习近平总书记首次提出了建设"新丝绸之路经济带"和"21世纪海上丝绸之路"的合作倡议，简称"一带一路"，它体现的是和平、交流、理解、包容、合作、共赢的精神。协和幼儿园西村园区将创设"一带一路"主题环境让孩子了解中国、放眼世界。前期以国内各省域为主，通过"一班一省域""一班一文化"，帮助幼儿感知中国不同地域、不同文化的特点，了解"一带一路"重点区域主要资源及文化传承，感受中华历史文化的魅力。围绕"一带一路"特色主题，以"骆驼""火车""轮船"等古今丝路的主要交通工具为元素，以丝路沿线国家和民族的地貌风情为线索，打造一个既有历史文化积淀、又有鲜明时代主题，既弘扬民族文化、又彰显地域特色的启蒙教育场所。

以"海上丝绸之路"长廊为例，结合海洋主题，围绕海上生物及轮船设计"家园板"和"作品墙"，幼儿运用海豚、贝壳、帆船、海浪等符合幼儿的年龄特点和兴趣的素材进行装饰，共同创作一艘"梦想之舟"，寓意扬起的风帆承载着孩子们的梦想和渴望，通过努力到达理想的彼岸。

2.岭南特色、科技演绎

协和幼儿园岭南园区拥有岭南特色环境的底蕴，在已有的环境基础上呈现了充满科技元素的室内设计和室外环境，整体建筑风格设计体现了十足的未来感。协和幼儿园岭南园区重点开设科技启蒙教育实践与研究课程，为幼儿提供了包括建构室、科探室、DIY活动室、编程室、人工智能活动室在内的丰富硬件配备，以激发幼儿创造性，提升幼儿动手能力。另外，协和幼儿园将设立"火星实验室"，为幼儿、家长和教师提供共同探究的空间。

2014年，教育部印发的《关于全面深化课程改革落实立德树人根本任务的意见》正式将核心素养纳入义务教育的考核体系。幼儿园同样需要培养幼儿的理性思维、批判能力、探究动力。因此，经过总体考量，协和幼儿园将把岭南园区设立为STEM教育理念的项目式学习实验基地。

（二）完善家园共育课程体系

协和幼儿园秉承着"和而不同，乐学乐创"的办园宗旨，以和乐文化为引领、以环境为熏陶、以管理为保障、以团队为支撑，不断地向前发展，在实践中完善"和乐"课程体系，依据国家教育方针、《幼儿园教育指导纲要（试行）》并结合协和幼儿园的课程基础，重构由养成教育、自然教育、艺创教育三大板块组成的课程。课程拟通过项目式学习方式开展，以"131"教学模式实施，将一周的学习分为三个阶段，即"讨论—计划日""实践—体验日""反思—拓展日"，丰富"和乐"课程内容，形成综合性、系统性的"和乐"课程体系。

随着社会的发展，人们对于健康的关注与日俱增。幼儿的健康关乎幼儿的生存质量、决定幼儿的适应能力、奠定幼儿全面发展的基础，因此，协和幼儿园把握健康教育课程方向，从综合构建健康教育课程走向系统构建健康教育课程，依据课程要素整合养成、体育、心理和安全课程内容，构建幼儿园健康教育课程基本框架，并进一步探索地域特色营养膳食、民间体育游戏等岭南特色健康教育内容。

1. 推进家园共育，提供个性化指导

我们将提炼优秀传统文化中的思想价值，结合生活即教育的理念，推动协和幼儿园的"和乐·苗坊"家庭教育课程的建设，关注每一位充满生命朝气的小"和"苗，通过信息技术手段，了解家长需求，提供个性化指导。我们期望在紧密的家园关怀与陪伴中，使小"和"苗向阳而生，变成爱护自己、呵护家人、保护国家、守护自然、绽放自己的参天大树。

"和乐·苗坊"四大主题活动的开启只是开始，随着教育形势不断变化和发展，幼儿园会在探索家园共育的路上不断深耕，关注幼儿个性化成长需要、幼儿园特色发展、和乐品牌与家园共育的整合，紧紧围绕家园共育这个永恒的主题，促进幼儿全面发展，让幼儿苗壮成长。

"和乐·苗坊"教育课程的内容在复学开课后将会做到"三结合"，即与区域醒目课程相结合、与幼儿复学后相结合、与家长育儿需要相结合；在形式上将做到"三丰富"，即丰富亲子互动、丰富家园互动、丰富师幼互动。同时，将"和乐·苗坊"课程编制成教材，形成协和幼儿园家庭教育探索的阶段性总结，为形成区域家庭教育资源库奉献出实践力量。

2. 以多种渠道丰富家园合作资源

协和幼儿园将拓展多种渠道，结合本地区特色资源开发丰富的家长培训资源，以讲座、音频、视频、著作等形式形成资源库（如利用喜马拉雅等平台发布家庭教育音频、总结居家隔离期间家庭教育经验形成家庭教育专著等），帮助家长了解家庭教育最新理念和方式，让每一个家庭都能得到家园共育的充足力量，陪伴孩子度过成长的每一个精彩瞬间。

我们期盼，在新样态课程开发与实施的联盟中，在中国教育科学研究院的指导下，继续推进"幼儿园、教师、家长三位一体"的家园合作模式建设，形成教育合力，朝着"和乐"方向前行，培养幼儿乐学乐创的良好习惯，帮助幼儿把握人生发展的制高点，为其以后的生活和学习奠定良好的基础。

第三节　从生活中汲取力量

"从生活中来，到生活中去。"这不是一句空话。无论教育发展到哪个阶段，点燃孩子对大千世界、美好生活的热情，一直是教育的根本。不管是教师，还是家长，协和幼儿园家园共育课程中的每一个成员都遵循从生活中来，到生活中去的基本原则，把生活还给自己、还给幼儿，不但要使幼儿获得成长，更重要的是，使自己也获得不断成长。

一、生活中的幼儿

"孩子，是由一百种组成的。孩子有一百种语言，一百只手，一百个念头，一百种思考方式、游戏方式及说话的方式。一百种聆听的方式，惊讶和爱慕的方式，一百种欢乐，去歌唱去理解，一百个世界，去探索去发现；一百个世界，去发明，一百个世界，去梦想。"《儿童的一百种语言》是世界著名的瑞吉欧·艾米里亚教育体系（Reggio Emilia approach，以下简称瑞吉欧）的创始人马拉古兹写的一首诗，这首诗背后蕴藏的是对儿童深沉的爱。瑞吉欧表达了对儿童个性差异的尊重：儿童可以用多种方式来表达自己的思想、儿童的发展有多种道路、儿童的个性有多个侧面、对儿童的教育有多个方式等。

"和乐·苗坊"课程倡导幼儿教育要以对儿童的尊重和爱为起点，视儿童的成长过程为珍宝，从儿童的生活中取材，让儿童在生活中实践和探索，再将实践和探索所得反馈到儿童的生活中去，真正去了解儿童内在的需求，给予儿童适合的教育，为儿童的成长提供一百种可能。

（一）从幼儿生活中来

瑞吉欧·艾米里亚是意大利北部的一个小镇，因其取得的成就和在教育领域的象征性地位而熠熠生辉。在过去的30年里，瑞吉欧镇的教育家和家长以及市民一起努力，建立了一个公共的儿童教育体系，该体系被视为欧洲教育改革的典范，现在已经逐渐成为全世界教育者的参照、资料和灵感的来源。该体系通过对象征性表达方式的系统运用促进儿童的智力发展，鼓励儿童通过各种"可表达的、交流的和认知的语言"，探索他们周围的环境并表达他们自己，这些语言可以是谈话、运动、画图、绘画、建造、雕刻、皮影戏、拼版、戏剧表演、音乐等。从1987年开始，瑞吉欧开始在欧美国家办巡回展，展示的内容不是什么别的东西，而是儿童的艺术作品。儿童用自己的艺术作品展示自己的思想和内心世界。这些艺术作品是没有经过任何的修饰和加工的，都是在教学的过程中由儿童创作的。这一切反映了瑞吉欧教育对儿童的爱，瑞吉欧教育从幼儿的生活中来，又到幼儿的生活中去，让幼儿在实践中快乐成长。

此外，我国伟大的教育家陶行知先生早于1934年就在杜威"教育即生活"的基础上提出了"生活即教育"的观点和主张，指出"是生活就是教育，是好的生活就是好的教育"。陶行知先生的生活教育理论蕴含了对生活和教育之间关系的深刻认识，对幼儿教育实践具有指导作用——幼儿教育应使幼儿教育的内容更为生活化。换言之，幼儿教育应从幼儿的生活中来，幼儿教育的内容应取材于现实生活，幼儿学习的途径主要是现实生活，教育的过程就是幼儿生活的过程。同时，教育不能脱离社会生活，要将社会生活作为幼儿教育的素材。为此，怎样从生活中挖掘教育内容，让幼儿在了解生活、感受生活的过程中发展能力是在幼儿教育实践中应该认真考虑的问题——凡是与幼儿生活有关的、幼儿感兴趣的、有助于拓展幼儿经验和视野的内容都可以纳入幼儿教育的内容，让幼儿在生活中学习、感受和发展。

协和幼儿园的"和乐·苗坊"四大板块课程来源于真实的生活场景——居家隔离期间的宅家生活和学习需要。协和幼儿园共有3个园区，18个教学班，全园幼儿600余人。在居家隔离期间，幼儿园充分审视家园共育的立场，将教育焦点放在幼儿宅家生活和家长家庭教育需要的现实问题上，站在幼儿生命整体发展的高度来促进幼儿的全面发展，做家长和教师在幼儿成长过程中的引导者和服务者，而非控制者和塑造者，选择的课程内容取材于幼儿生活和幼儿所生活的社会环境，从幼儿的兴趣、情感需要、能力培养等多方面进行考虑，关注每一个充满朝气的小"和"苗，关注每一位家长的美好期望，形成紧密的家园关怀和陪伴。

（二）在生活中探究

陶行知先生主张："生活教育即以社会为学校，自然教室的范围，不是在房子里，而是在天地间。需要研究农事，教室就在旷野里；需要研究工业，教室便在工厂里；需要研究商业，教室便在市场；需要研究社会问题，教室便在十字街头。"幼儿心理发展水平和认知周围客观世界的能力很低，他们必须通过自己与周围世界的相互作用来发展自己。可见，幼儿教育应为幼儿创设生活化的教育环境，加强学校与社会的联系，让学校内外的人与资源沟通起来，使幼儿的学习不成为被封闭在室内依靠书本材料组织的教育活动，而是从课堂延伸到社会实际生活和大自然中去，让幼儿在真实的社会生活和大自然中获得亲身的感官体验和实践经验。只有这样，才能引导幼儿适当参与社会生活，从而丰富其生活经验。

回顾居家隔离期间的教育经验，协和幼儿园"和乐·苗坊"课程的内容坚持取材于生活，充分挖掘生活资源，以培养幼儿良好的生活习惯和自理能力。例如，2020年3月，协和幼儿园将"和乐"幼儿课程中的养成教育延伸到宅家生活中，启动"和乐·苗坊"之"宅趣棒棒屋"，向幼儿发出"宅家功夫挑战书"——幼儿通过勾选或者画画等方式挑选出自己想挑战的宅家小功夫，如做经络操、洗碗、收拾玩具、穿衣服、晾衣服、煲靓汤、照顾植物、扫地等，让幼儿在宅家的日子里，学会自己的事情自己做，为家人分担力所能及的家务活，体验劳动的快乐，做一个有责任感、能自理、爱劳动、会生活的小"和"苗，争取早日"当家"。

（三）回到幼儿的生活中去

陶行知先生认为："在施行生活教育时，教育者处处要使儿童亲自去经历一番，无论使用的是体力还是脑力，使用的是我的智识还是别人的经验，经过一番经历后，本来是模糊的迹象，一定能成为亲知灼见了。"在他看来，教育要注重个体的体验与实践，使幼儿通过个体的"做"获得实践经验，并将其深化为对所学知识的理解，从而提高运用知识的能力。因此，幼儿教育应注重运用"教学做合一"的教育方法，注重个体的体验与实践，注重知识的运用。首先，教师要"做中教"，为幼儿创设多种多样的生活场景，提供丰富的玩具、材料、活动，让幼儿与教师互动、与幼儿互动，使幼儿获得经验；其次，要让幼儿"做中学"，确保幼儿在活动中的主体地位，鼓励幼儿参与，亲历探究，通过动手操作提高兴趣、激发求知欲，同时使幼儿获得大量的感性知识。

二、生活中的教师

（一）捕捉生活中的"哇"时刻

在新西兰，有一套享誉全球的儿童学习评价体系——学习故事。它由新西兰早期教育专家卡尔教授和他的团队研究发展而成。在新西兰的各类学前教育机构中，学习故事被广泛地用来帮助教师观察、理解并支持儿童的持续学习，同时，记录每一个儿童成长的轨迹。新西兰学前教育工作者认为，儿童一出生就是"有能力、有自信的学习者和沟通者"，有着积极的、蓬勃的生命力。因此，在对儿童进行评价时，需要让儿童看到自己是"有能力、有自信的学习者和沟通者"。

在居家隔离期间，幼儿不能到幼儿园，教师便不能开展幼儿观察的活动，协和幼儿园教师便把这个接力棒传给家长，让家长利用学习故事，观察幼儿的成长，记录幼儿的"哇"时刻，让家长能够在那段宅家时间更全面地看见幼儿、理解幼儿。同时，通过开展线上家园共育活动，引导家长学习3～6岁幼儿学习与发展的基本规律和特点，了解游戏是幼儿最主要的学习方式，并为幼儿撰写学习故事，记录幼儿生活中的"哇"时刻。

对于教师来说，做一个善解人意的教师比做一个威严的教师更具有教育的生命力。善解人意的行为，总是充满了对彼此换位思考的理解。做一个孩子喜欢的善解人意的教师，已是我们教师生涯最真实的意义。在儿童的生活中，既需要"哇"时刻，也需要有创造"哇"时刻的时间和空间。幼儿园的教师每天面对着不同的孩子，面对着孩子们各种各样的言行，当看到一些孩子与众不同的表现时，教师需要静下心来辨别，分析他们的行为，要相信孩子特别行为的背后一定是隐藏着某种需要。例如，他们可能会把生活中的落花变成富有诗意的"落花雨"，并且想让我们每个人都经历一场"落花雨"。学龄前时期的孩子，对于周围世界中新奇的事物、现象充满了好奇心和求知欲，遇到奇妙的现象他们会百看不厌、百问不倦。教师需要适时引导孩子通过想象和观察进行探索，感知自然界的奇妙和美好，捕捉孩子对这些事物的观察和想象的"哇"时刻，而且给予积极的回应。例如，在幼儿园一日活动中的每一个环节都隐含着教育的契机，都有可能引发孩子们的"哇"时刻或者"魔法"时刻，关键是教师要愿意做孩子善解人意的朋友，去倾听孩子们最真实的想法。

禅诗有云：手把青秧插满田，低头便见水中天；心底清静方为道，退步原来是向前。"青青秧苗，皆是法身。"几千年来，勤劳的农民都是以这样美丽、谦卑的姿势践行着。于是，那美丽的姿势就化成了金黄色的稻穗，那弯腰的谦卑就化成了累累垂首的稻子。从这个意义上来说，孩子们正如那青青的秧苗，他们柔弱、稚嫩，而教师就如同那弓步后退的农民。教师只有适时地多一些弯腰，才能从心水中看见广阔的蓝天；教师只有适时地多一些退步，才能在心田里把孩子这株幼苗插直。

（二）项目企划

在幼儿教学中引入家园共育模式，符合当前幼儿教育的现实要求。教师需要保持清醒的头脑，对家园共育模式有更理性的认知，在家园合作联动、分层分类指导、网络交互展示、多元管理推进等方面做出实践探索，对于未来的发展开展项目企划，以便形成更为完善的家园共育运行机制，为幼儿的健康成长保驾护航。

三、生活中的家长

陪伴孩子成长原本是家庭生活里的美好风景，但现实是，很多父母都比较焦虑，却不知所措，尤其是年轻父母。"不要让孩子输在起跑线上"这句话是有道理的，但关键是我们怎么理解这条"起跑线"。如果把起跑线理解为培训班、营养素、各项特长等，那就错了。其实，孩子的起跑线就是父母的认知水平。如果父母根本不懂得一个生命是怎么成长的，不懂得这些规律，那一定会做错。如果家长管教孩子很焦虑，那一定是在哪里做错了。美好的家庭生活对于孩子的人格健全与否具有决定性的作用，家长在生活中应该做一个懂得感受生活的、美好的人，只有内心充盈，能发现生活中的教育价值、发现生活中的小幸福，才能培养出自带光芒的孩子。

（一）感受生活的美好

想让孩子成为什么样的人，家长就得成为什么样的人。一个好的教师，或许影响孩子三五年；但是一个好的家长，却能影响孩子一辈子。《人民日报》曾经发文指出：教育好孩子，是父母这辈子最重要的事业。幼儿时期是孩子智力、性格、品德、行为形成的重要时期，也是教育的最佳时期，教师的教育在替代不了家庭教育。

蔡元培先生说过："家庭是人生的第一学校。"家长的积极乐观会潜移默化地影响孩子，让孩子保持乐观，积极面对所有的困难与挫折，学会笑着面对生活。有专家发现，孩子的性格越好，各方面就会越出色，将来也会越优秀。最好的教育就是家长成为孩子的好榜样。一个有爱好、有生活情趣、懂得发现生活美好的家长，对于孩子及整个家庭来说是一件幸运的事情：他（她）可以带给整个家庭温馨与幸福、趣味与活力；他（她）的热情会感染孩子，感染另一半，感染身边的每一个人；他（她）的光芒就像灯笼，把生活的黑暗照亮，让孩子所到之处看到的都是对生活的美好向往，并让孩子带着这种美好的向往，奔向更好的生活方向。而一个没有生活情趣、消极悲观的家长则可能会把生活过得如一潭死水，不仅让自己生活的品质变差，还会让整个家庭陷入死气沉沉的气氛中，日复一日。孩子很多时候是父母的放大镜，家长期待孩子做什么，家长就要从自身开始做什么，有时候一点简单的努力，就会带给孩子也带给自己甚至整个家庭无穷的改变。因此，要想让孩子的生活有趣味、有活力，最好的方法就是家长自己做个热爱生活、有情趣的人。一个懂生活、有情趣，对生活充满热情，发现生活中的美好的家长，就像一朵开在和煦阳光下的格桑花，简单而纯粹；又像一瓶埋藏在酒窖里的陈年好酒，甘醇清香。在这样的家长的熏陶下的孩子，一定能得到最好的教育和精神上的满足。协和幼儿园的"和乐·苗坊"课程基于这样的理念，注重在日常的指导中引导家长发现生活中的美好，并将这份美好传达给孩子。

（二）发现生活的小幸福

自古以来，生活幸福的人大多有着有趣的灵魂，他们善于发现并善于制造生活中的小幸福，能在平凡的生活中开出一朵花来。在美丽的春日和孩子一同去郊游踏青，兴起时追逐楼下随风飘落的红色花瓣，穿过车水马龙的大街，闲来和孩子一同欣赏好天气……生活的小幸福其实很简单。

例如，每周固定一个时间段作为亲子相处的幸福时光。家长平时都比较忙，孩子主要在幼儿园生活和学习，与家长相处的时间比较少，即使有，很多家长可能也会由于其他事情而心不在焉，没有真正和孩子在一起。在约定的时间内，双方都可以放下待做的工作或作业，全心全意一起度过。

再如，留心孩子的喜好，制造惊喜的小幸福时刻。孩子通常都会有自己喜爱的事物，只要父母用心观察，一定能发现。知道孩子喜欢什么，在适当的时刻为孩子带来惊喜，可以带来小幸福。

生活中一定隐藏着许多简单而美好的事情，等着我们擦亮眼睛去发现。让我们放缓匆匆忙忙的脚步，用心陪伴孩子，和孩子一起快乐成长。

（三）发现生活中的教育价值

孩子的成长只有一次，无法重来，每位家长都必须对孩子的教育亲力亲为。曾经，一个男孩和爸爸互动的小纸条感动了很多人。爸爸是高中班主任，工作非常忙，每天早出晚归，能陪伴孩子的时间少之又少。于是，儿子就把想跟爸爸说的话都写在纸条上，然后贴在门口或茶几上，纸条上既有他的心里话，也有他想问的数学题。爸爸看到，就会在纸条上写下回复，父子两人虽然不能"朝夕相处"，却可以"纸条传情"。小小的纸条，承载了父子的肺腑之言，也记录了孩子的成长历程。

我们的家庭生活一般都有比较稳定的节奏，抓住某些节拍，发现生活中的教育价值，养成"教"和"学"的习惯，常年坚持必定受益匪浅，正如用"水滴石穿"般的力量塑造孩子。

抓住衣、食、住、行、吃、喝、拉、撒、洗和睡等"生活教育"。例如，教育孩子衣服要拉平，不能让袖子"掉队"，扣子要扣好，帽子要戴正；听天气预报或看气温表，让孩子判断今天该穿什么衣服；随着孩子年龄增长要让孩子学会穿衣、脱衣、叠衣、洗衣，养成脱下的衣服要挂好的习惯；让孩子识别各种服装名称，认识不同的衣料，懂得为什么夏天要穿浅色服装，冬天要穿深色服装；带孩子参观纺织厂、服装店，看时装表演；和孩子谈谈中国各民族服装的特点，说说为什么西装是世界通用服装；让孩子知道穿衣要合身、朴素、大方、美观；等等。生活中的教育如大自然中的教育一样丰富，处处都有知识，处处都能培养孩子的能力、兴趣、习惯和良好性格。生活既是知识的万花筒，又是品德和能力的训练场，连说梦也能编出美好的"梦境故事"。

抓住家庭日常的集体活动进行"活动教育"。例如，饭后一家人吃苹果，家长可以鼓励孩子去洗苹果、分苹果，这个过程能让孩子学会热爱劳动、讲究卫生、尊敬老人、孝敬父母、学数数、辨颜色、分大小、掂轻重、先人后己等众多美好品质和能力……

抓住生活中节奏较为固定的教育"课堂"。例如，有的家庭会在全家起床时听外语广播或新闻广播，起床后到室外运动、锻炼；每天在接送孩子上下幼儿园的路上与孩子谈话；和孩子在餐桌上闲谈分享；每天安排半小时的家务时间；每天安排半小时看电视或讨论的时间；在睡觉前听音乐或朗读故事；等等。再如，一位老爷爷把每天下班见到小孙子的一刻钟作为一堂课，在下班的路上想今天玩点什么，有时拔一棵草、有时拣一块煤、有时带一张纪念邮票、有时想好一个故事，孩子每天都在高兴地等着爷爷来"上课"呢！有位妈妈则在每天下班后与孩子玩15分钟识字游戏，孩子每天也很期待这幸福的一刻，这个游戏的教学效果特别好。这些都是宝贵的生活教育时间，这些生活中的"课堂"能让家长因势利导地找到"教"与"学"的内容和话题。

参考文献：

胡晓风.陶行知教育文集［M］.成都：四川教育出版社，2007.

后记

　　兵马未动，粮草先行。协和幼儿园多年来一直积极探索提升家园共育效果的渠道和方法。2020年，全球出现的重大卫生公共事件冲击着社会、经济、教育系统，居家隔离给幼儿学习与生活带来了重大考验。协和幼儿园除了积极落实国家"停课不停学"的精神与要求外，同时在中国教育科学研究院提出的"加强协作，建构新型的'家庭、幼儿园、社会共育体系'"精神指导下，坚定家园共育方向，尝试探索研究线上线下融合的家园共育形式与内容，以提高家园共育意识、丰富家园沟通渠道、加深家园共育深度、提升家园共育效果。《和乐·苗坊——广州市荔湾区协和幼儿园家园共育课程探究》就是在这样的背景下诞生的。

　　本书作为面向幼儿教师群体的培训类课程读本，填补了协和幼儿园此前出版的《和乐共长》家长培训课程读本中线上线下教育策略的空白，其作用在于向幼儿教师呈现特殊时期协和幼儿园家园共育课程建设的脉络，有针对性地向幼儿教师传递与家园共育课程相匹配的家园共育理念、家园共育课程内容以及家园共育策略，引导幼儿教师树立与幼儿园相一致的教育观念，了解幼儿园的育人目标和育人方向，掌握家园共育的策略及途径，从而增强家园共育的合力。

　　在协和教师团队的集体智慧下，家园共育课程划分为四大板块——生命教育"多彩生命树"、劳动教育"宅趣棒棒屋"、健康教育"童言彩虹桥"、家园情怀"童真家国号"，贯彻了新样态的精神内涵，同时，创新性地形成了"131"课程实施模式，积累了一大批课程实施案例，为特殊时期的家园共育提供了整体解决方案，为提高区域幼儿教育水平提供了参考范例。

　　作为一所百年名园，2017年，协和幼儿园获批成为第一所学前教育阶段广州市学校家庭教育实践基地，2020年，申报广东省"新课程"科学保教示范项目"岭南特色幼儿园健康教育课程构建与实施"获批立项。几年来，协和幼儿园立足大健康体系建构，从家长学校课程到家园共育课程，协和幼儿园的研究成果形成了书稿，有许多人为此做出了重要的贡献。首先，感谢广州大学叶平枝教授和广州市荔湾区中医医院黄嘉欣主任，他们是省项目的指导专家，他们在课题研究全过程中提供了大量的专业知识与经验。其次，感谢协和幼儿园全体教师的辛勤付出，他们为幼儿园健康课程的建设研究提供了最丰实的实践素材。感谢全程提供专业指导的协和幼儿园叶桂萍、冯丽红两位园长；课程实施指导管理的卢燕坤、张蔓、林欣老师；前期参与课程资源分析的荔湾区教育发展研究院陈桦、侯峻姬两位教研员；后期校对的张莹、刘小圆老师；特别是四大板块的设计老师们——生命教育"多彩生命树"组的罗凤屏、张燕燕、王沁、杨金凤、吴怡，劳动教育"宅趣棒棒屋"组的郑旖旎、刘雪莲、俞沁文，戴灵，健康教育"童言彩虹桥"组的梁文静、郑海霞、朱智慧、刘莉莉以及家园情怀"童真家国号"组的孙烜、车露婷、李观丽、杨素云。除此之外，还要特别感谢"和乐"创坊课程组全体成员：张蔓、林欣、张莹、刘小圆、李小婷、杨金凤、马倩茹、戴灵、杨素云、王凡、刘莉莉、唐聪、邓林欢、刘佳玮、吴怡、朱智慧、谢瑜、俞沁文、杨燕如、刘艺聪、谢友凤、戴立基、伍广文、童俊鹏、宋巧丽、黄嘉良、张雪凡、李观丽。在这三年中，他们每个人都参加了每周五下午的课程研究，承担了本研究中大量的数据与资料的收集、输入与分析工作，花了大量时间做材料的观察与记录。最后，感谢东北师范大学出版社和三名书系的董晓媛编辑，是她的坚持与耐心让这本书得以顺利出版。

"青青园中葵，朝露待日晞。"叶圣陶先生说过："教育是农业而不是工业。"我们把幼儿园比作苗圃，幼儿教师是辛勤浇灌的园丁，幼儿是祖国未来的花朵。我们相信每个花朵都会绽放，不同的是，有的花朵很早就灿烂盛开，有的则需要漫长的等待，园丁能做的只有辛勤耕耘，静待花开……未来，我们将朝着"和乐"方向继续前行，深耕家园共育领域，推进线上线下融合的教育新样态，为培育幼儿未来成为时代新人而努力奋斗。

本书难免有不足之处，敬请批评和指正。

刘　琨

2022年3月于广州市荔湾区协和幼儿园